Doris Schulte

Schritt für Schritt – so lebt sich's gut

Bestell-Nr.: RKW 5032

© 2023 Kawohl Verlag, 46485 Wesel
Alle Rechte vorbehalten

Titelbild: Getty Images / Brian Jackson
Lektorat und Gestaltung: RKW / J. Dörr

Druck und Verarbeitung:
Drukarnia Dimograf, Bielsko-Biała, Polen

ISBN 978-3-86338-032-8   www.kawohl.de

Doris Schulte

Schritt für Schritt – so lebt sich's gut

Tipps und Erlebnisse
aus meinem wunder-vollen
Alltag mit Gott

kawohl

Inhaltsverzeichnis

Vorwort

Schritt für Schritt zum Start

Von „Little Germany" nach „Big Germany"

Vor vielen Jahren saß ich mit meiner älteren Schwester auf einer Hotelterrasse in Israel, wo wir uns zu zweit ungestört unterhalten wollten. Wir hatten uns schon länger nicht mehr gesehen, und weil wir in kürzester Zeit so viel wie möglich über Gott und die Welt loswerden wollten, unterhielten wir uns in unserer Muttersprache: Denglisch (oder, wie meine Eltern sie nannten: „Kauderwelsch"). Denglisch liegt uns Schwestern bis heute im Blut und ist auch unsere E-Mail- und WhatsApp-Sprache.

Plötzlich sprach uns ein gepflegter, gebräunter Gentleman vom nächsten Liegestuhl aus an und fragte, ob er uns kurz unterbrechen und eine Frage stellen dürfe. Er sei Filmregisseur und würde aufgrund seines Berufs viele Länder, Kulturen, Sprachen und Menschen kennen. Aber noch nie in seinem Leben habe er jemanden kennengelernt, der innerhalb eines Satzes ständig zwischen Deutsch und Englisch wechseln würde. Er wollte nur eins wissen: „Woher kommen Sie?"

„Oh, wo wir herkommen, da gibt es noch viele, die diese Sprache sprechen", antwortete meine Schwester amüsiert. Er war verdutzt – doch dann erzählten wir ihm von den vielen Nachkommen der Vertriebenen des Zweiten Weltkriegs, die in den 50er-Jahren nach Kanada ausgewandert waren. Zu denen gehörten auch meine Mutter, die aus Pommern (heute Polen) kommt, und mein Vater, der aus dem Memelgebiet (heute Litauen) stammt. Nachdem meine Eltern sich in Deutschland kennengelernt und geheiratet hatten, waren sie – wie unzählige andere Vertriebene – per Schiff und Bahn an die schöne Westküste Kanadas ausgewandert und hatten sich in Vancouver niedergelassen. Und dort bin dann auch ich mit meinen beiden Schwestern unter vielen anderen Pionieren geboren und aufgewachsen.

„Little Germany" – so hieß auf einer alten Stadtkarte das deutsche Viertel in Vancouver, in dem ich aufgewachsen bin. Natürlich gab es auch „Little Italy", „Little India", „Chinatown" und viele andere ethnische Enklaven in der Stadt. So bunt gemischt wie das Land waren auch meine Schulklassen. Vielleicht war „Ausländerfeindlichkeit" deshalb nie ein großes Thema – mit einer Ausnahme: Die vom Krieg her rührenden Ressentiments gegenüber Deutschen konnte man bis in die 60er Jahre spüren. Kein Wunder, hatten doch Filme jahrelang die Deutschen als dominante, strenge, ehrgeizige Menschen dargestellt – und dazu natürlich stets als Verlierer. Deswegen war ich während meiner Schulzeit nicht traurig, wenn mein Mädchen-Name („Friederici") des Öfteren als italienisch („Frederici"), eingestuft wurde. Doch insgesamt habe ich mich in unserem „Little Germany" als Kind und Jugendliche wohlgefühlt. Im Einkaufsviertel (genannt „Little Berlin") haben wir als Familie jeden Freitagnachmittag unsere Einkäufe beim deutschen Bäcker, Metzger, Schuster und im WMF- und Stoffladen getätigt. Außer auf das Angebot der vielen Importlädchen freute sich die Nachkriegsgeneration über das Wiedersehen mit anderen deutschsprachigen Einwanderern – ganz gleich, ob man sich schon kannte oder nicht. Neben Aktuellem tauschte man sich auch immer über Kriegserlebnisse aus, bis niemand mehr diese Geschichten hören wollte.

Für mich waren die Menschen in „Little Germany" immer wie eine Familie: Wir waren mit jedem per Du – egal, um wen es sich handelte, bis hin zum deutschen Chirurgen im Krankenhaus. In „Little Germany" habe ich nicht nur die Sprache, Geschichte und Kultur der Deutschen kennengelernt, sondern auch Gott und meinen Mann – damals ein Theologiestudent aus Deutschland. Nach 10 Jahren Ehe verabschiedeten wir uns von „Little Germany" und zogen nach „Big Germany"- nach Deutschland.

Im Nachhinein sehe ich, wie Gott mich von klein auf für mein neues Zuhause und mein neues Wirkungsfeld Schritt für Schritt behutsam, liebevoll und gezielt vorbereitet und unmissverständlich geführt hat. „Big Germany" erschien mir von Anfang an nicht fremd. Ich war sofort angekommen. Nicht weil das Land schöner, die Menschen netter und die Umstände besser gewesen wären, sondern weil ich wusste, ich bin da, wo Gott mich haben will. Ich war vorbereitet, weil Gott seine Verheißungen erfüllt.

Seit 40 Jahren ist mein Lebensgefühl durch meine Freundschaft mit Gott geprägt und nicht dadurch, ob ich in Kanada am Pazifik oder am Rande eines kleinen Dorfes im Westerwald lebe. Entscheidend ist, dass ich hier und heute da bin, wo Gott mich haben will. Denn dann weiß ich, dass ich auch morgen und übermorgen dort sein werde, wo Gott mich haben und gebrauchen will. In Psalm 91,1-2 steht:

„Wer im Schutz des Höchsten lebt,
der findet Ruhe im Schatten des Allmächtigen.
Der spricht zu dem Herrn:
Du bist meine Zuflucht und meine Burg,
mein Gott, dem ich vertraue!"

Daheim sein bei Gott, heißt für mich, Ruhe finden im Schatten des Allmächtigen. Dafür muss ich aber offen und flexibel bleiben, denn immerhin: Ein Schatten bewegt sich ständig! So lebt sich's gut!

Schritt für Schritt in die richtige Richtung

Gottes Wort trägt
wie eine unverwüstliche Hängematte

Ich liebe Biografien und Erzählungen. Besonders die unverblümten Lebensgeschichten im Alten Testament. Die sind so herrlich erfrischend und lebensnah. Da steckt unendlich viel mehr drin als Kriegsgeschrei und Götzendienst. Aber auch das Neue Testament mit seinen wegweisenden Jesus-Geschichten ist viel mehr als eine To-Do- oder Don't-Do-Liste!

Ich gebe zu: Wenn ich mich über eine längere Zeit nur mit dem Neuen Testament befasse, bekomme ich irgendwann richtig Heimweh nach dem Alten Testament. Das Neue Testament zeigt mir einladend und einleuchtend, durch Gottes Sohn Jesus Christus, wer Gott ist. Es hilft mir, das wahre Leben in Jesus zu finden und gibt mir geniale Anleitung, wie ich es am besten ausleben kann – und sollte –, damit ich auch in Zukunft da bin, wo Gott mich haben will.

Das Alte Testament hingegen zeigt mir unerschrocken und ehrlich, wie wir Menschen wirklich sind und offenbart zugleich, wen Gott mag: Uns! Es verdeutlicht, was er zutiefst schätzt und ehrt: Unser Vertrauen zu ihm. Die Geschichten im Alten Testament tun mir persönlich richtig gut – mehr als ein Wellness-Wochenende oder eine erfolgreiche Einkaufstour mit der Freundin.

Die vielen Erzählungen in der Bibel geben mir nicht nur Einblick in das private Leben vieler unvollkommener Menschen, die alle „Kinder ihrer Zeit und ihrer Kultur" waren und von denen ich viel lernen kann, sondern zeigen mir auch, was ich in Bezug auf mein eigenes Leben über Gott wissen sollte. Darum haben es auch gerade diese Storys, Gleichnisse und Erzählungen ins „Buch der Bücher" geschafft! Sie enthüllen spannende Informationen, die zu tragenden Säulen für mein Leben geworden sind. Wahrheiten, die mein Leben bis heute entscheidend bestimmen und prägen. Nichts und niemand hat bessere und zukunftstauglichere Arbeit in meinem Leben geleistet als die schwarzen Buchstaben auf den weißen Blättern der Bibel, durch die der Heilige Geist spricht.

Hätte ich zum Beispiel nicht die Geschichte von einem Rinderzüchter und Feigenpflücker namens Amos aus dem Alten Testament kennengelernt, der sich von der Landwirtschaftsarbeit zum Verkündigungsdienst im Könighaus berufen ließ – und das ohne eine theologische Ausbildung an der Prophetenschule – hätte ich nie geglaubt und darauf vertraut, dass Gott auch mich von der Hausarbeit und Kindererziehung in den Verkündigungsdienst berufen könnte, ohne eine offizielle theologische Ausbildung – obwohl mein Mann mich immer wieder dazu ermutigt hatte. Aber aufgrund dieser neu gewonnenen Informationen war ich mutig genug, meine erste Einladung als Referentin bei einem Frauenfrühstückstreffen anzunehmen. Ich habe es mit 39 Jahren als Mutter gewagt und unsagbar viel gewonnen. Wenn mich jetzt ein Veranstalter anruft und fragt: „Liebe Frau Schulte, wir brauchen jetzt noch ein paar Infos über Sie für die Werbung. Haben Sie zum Beispiel Titel, etc.?" Dann antworte ich freundlich mit einem gesunden Selbstbewusstsein „Nein, das habe ich nicht", und denke dabei mit einem überglücklichen Herzen: „Ich bin eine ‚Amosini', ohne entsprechende Voraussetzungen – menschlich gesehen –, aber von Gott höchstpersönlich berufen und befähigt für meinen Auftrag." Das reicht mir. Das sitzt. Das trägt mich bis heute, egal, vor wem und auf welcher Bühne ich stehe.

Oder hätte ich eines Morgens in meiner „stinknormalen" Andacht nicht in Johannes 10,1-5 gelesen, dass Jesus mein guter Hirte ist und dass ich als sein Schaf seine Stimme erkennen und hören kann, wenn er zu mir redet, dann hätte ich trotz Betens und Wartens nicht gewusst, wie ich mich in einer Entscheidungsphase endgültig entscheiden sollte. Und zwar als mir vor einiger Zeit der Vorsitz einer Frauenarbeit angeboten worden war und ich daraufhin Gottes Meinung intensiv und täglich suchte. Ich hatte drei Monate lang mit Gott über dieses Thema gesprochen, aber diesbezüglich nichts von ihm gehört. Ich war ziemlich irritiert! So hatte ich Gott bislang noch nicht kennengelernt. Ich hatte seine Führung immer klar und deutlich wahrgenommen. Aber jetzt hörte ich nichts. Gar nichts.

Aber ich blieb dran. Ich suchte weiterhin Gottes Nähe und seinen Einfluss. Und das heißt für mich: Ich gehe mit Kaffee, Bibel, Andachtsheft, Schreibblock, Stift und etwas Zeit an meinen Schreibtisch. Ich will mir auf keinen Fall die „himmlische Tagesschau" entgehen lassen. Und in diesem Fall wollte ich dieses Amt nicht ablehnen, nur weil ich mir nicht vorstellen konnte es zu übernehmen – denn fast alles, was ich heute tue, habe ich mir selbst nie vorgestellt. Anderseits wollte ich auch keine Aufgabe annehmen, die Gott nicht für mich vorgesehen hatte – denn dann würde es garantiert eher schlecht als recht laufen.

Ja, und dann endlich, nach ungefähr vier Monaten, las ich diese kleine, aber feine Jesus-Geschichte über den guten Hirten und seine Schafe, die ihn hören, verstehen und ihm folgen können. Worte, die so bekannt sind, dass ich in Gefahr stehe, sie zu überhören. Beim Lesen dachte ich plötzlich: Moment mal, Gott! Ich bin doch eines dieser Schafe! Und Jesus ist mein Hirte! Ich bin dein Kind, und du bist seit Jahren mein Vater im Himmel! Und hier behauptet Jesus selbst – schwarz auf weiß –

dass seine Nachfolger, unabhängig davon, wie sie gestrickt sind, egal wie unerfahren oder jung im Glauben sie sind, seine Stimme hören, und zwar so, dass sie ihr folgen können, wenn er ihnen etwas vermittelt. Okay, dachte ich, dann ist es ja folgerichtig anzunehmen: Wenn ich nichts von Gott zu diesem Thema höre, dann hat er damit auch nichts am Hut. Und wenn er trotz intensiven Fragens kein Wort über diese Aufgabe in Verbindung mit mir verliert, dann lasse ich auch die Finger davon! In diesem Fall habe ich keine Stimme, der ich folgen kann. Diese Worte Jesu haben mir im Handumdrehen so viel Ruhe, Klarheit und Sicherheit gegeben, dass ich spontan eine klare Absage geben konnte – ohne Zweifel, ohne Gewissensbisse.

Durch Gottes Worte werde ich immer rechtzeitig in eine Lage versetzt, die mir die richtige Denkweise gibt, und damit auch Urteilsvermögen. Nichts und niemand hätte mir so viel Klarheit schenken können – nicht einmal der liebste Mensch oder beste Berater in meinem Leben. Nichts und niemand kann Gott und sein Wort ersetzen. Das wird Gott auch niemals zulassen. Seine Wahrheiten sind die beste Tragflächen, auf denen ich mich mit klarer Motivation vorwärtsbewegen kann – in die richtige Richtung! Mein klares „Nein" zu dieser Anfrage hatte außerdem noch den Vorteil, dass es zugleich mein „Ja" zu den Aufgaben stärkte, zu denen ich mich ganz klar berufen wusste. Und es half, weiter die richtige Person zu suchen. Ich bin heute viel entspannter, wenn ich Gottes Führung suche. Ich weiß jetzt, wenn Gott mir etwas sagen will, werde ich es rechtzeitig hören – egal, wo ich mich gerade im Leben befinde. Gottes Worte sind wie eine unverwüstliche Hängematte, in der ich mich äußerst gelassen und sicher getragen weiß, egal, wie sehr ein Wind mich zum Schaukeln bringen kann. So lebt sich's gut.

Schritt für Schritt
zum mutigen Bekenntnis

Was im Herzen ist,
kommt auch aus dem Munde!

Ich war viele Jahre glücklich und zufrieden mit meinen Rollen als Familienfrau und Gastlehrerin für Englisch am Theologischen Seminar Rheinland. Denn ich hatte neben diesen Aufgaben und Pflichten genügend Freiräume für meine Hobbys, wie Nähen, Stricken, Basteln und Möbel restaurieren. Ich hatte wenig Interesse daran, mich darüber hinaus noch in weitere Aufgabenbereiche einzubringen. Selbst meine beste Freundin sagte mal: „Es ist ganz schön schwer, dich aus deinem Schneckenhaus herauszulocken!"

Das hat sich aber geändert, und zwar an dem Tag, an dem ein befreundeter Evangelist versuchte, mich zu überzeugen, dass ich eine Evangelistin sei. Deshalb sollte ich mal überlegen, wo und wie ich mich mit dieser Gabe einbringen könnte. Er empfahl mir, gewisse Seiten in einem theologischen Buch über die Gabe des Evangelisten zu lesen. Das tat ich zunächst aus Neugier und konnte anschließend nicht leugnen, dass die Beschreibung einer Evangelistin zu mir passte. Evangelisten sind Verkäufer. So, wie sie zum Beispiel überzeugt und leidenschaftlich Tupperware oder Thermomixe gut verkaufen könnten, fällt es ihnen nicht schwer, mit Überzeugung von dem zu erzählen, was die Gute Nachricht von Jesus und ihre Erfahrungen mit ihm betrifft. Wie gut, dass dieser Evangelist andere Menschen, wie auch mich, im Blick hatte und sie ermutigte, ihre Gaben zu erkennen und auszuleben. Wie gut, dass er mich angeleitet und mir vorgelebt hat, Jesus auf ganz eigene Art und Weise zu bezeugen. Seine „menschliche Entdeckung" ging meiner „göttlichen Berufung" voraus und öffnete mir das Herz für das, was Gott in mir sah und mit mir im Sinne hatte.

Laut Wikipedia wird „Zeugnis" im christlichen Sinne als *„ein Bericht über eine persönliche Gotteserfahrung oder als eine erlebte radikale Lebensveränderung, die zur Bekehrung führt,"* bezeichnet. Dies bedeutet, dass nicht nur Evangelisten, sondern dass jeder Christ etwas über sein Glaubensleben zu berichten hat. So, wie die Apostel im Neuen Testament von dem auferstandenen Jesus berufen wurden, ihre eigenen Erfahrungen weiterzugeben, so sind auch alle Christen als Zeugen berufen. Sie sollen von ihren Erfahrungen mit Jesus erzählen, nach dem Motto: *„Was wir gesehen und gehört haben, das verkündigen wir euch"* (1. Johannes 1,3). Zeugnisse in diesem Sinne können sowohl kurze Einschübe in Alltagsgesprächen sein, längere vortragsähnliche Erfahrungsberichte oder auch

Erzählungen in schriftlicher Form. Durch solche aktuellen Mitteilungen persönlicher Gotteserfahrungen belegen wir, dass Jesus Christus tatsächlich lebt und auch heute genauso erfahrbar ist wie damals zur Zeit der ersten Zeugen. Jesus-Nachfolger sind die Menschen, die Gott *„sich zu eigen machte, damit sie verkünden die Wohltaten dessen, der sie aus der Finsternis in sein wunderbares Licht gerufen hat"* (1. Petrus 2,9).

Wenn ich als junge Frau – als ich die Regie meines Lebens noch nicht an Jesus übergeben hatte – nach meinem Glauben gefragt wurde, war meine Antwort: Ich glaube an den Schöpfer-Gott, der mich und die ganze Welt geschaffen hat. Punkt. Leider hatte ich Gott – nachdem er mich geschaffen hatte – aus den Augen verloren! Ich machte mich ohne Gottes Hilfe auf den Weg, um meine Ziele zu erreichen und lebte in der Erwartung, bis an mein Lebensende glücklich und zufrieden zu sein. Aber dem war nicht so! Stattdessen spürte ich eine unbestimmte Leere in mir. Es war eine Sinnlosigkeit, die mich verwirrt und traurig machte. Während ich gezielt nach irgendetwas von bleibendem Wert Ausschau hielt, erkannte ich nicht, dass diese Leere in meinem Leben aus der Ruhelosigkeit meines Herzens kam und dass ich mich nach Gott sehnte.

Obwohl ich von klein auf regelmäßig zur Kirche gegangen war, kam die entscheidende Wende in meinem Leben, als ich die Einladung zu einem Bibel-Gesprächskreis annahm. Dort fing ich an, die Bibel mit großer Neugier für mich zu lesen und hörte viele inspirierende Berichte über persönliche Gotteserfahrungen. Diese überzeugten mich, zu glauben, dass Gott mich liebt und einen guten Plan für mein Leben hat. Folglich wollte ich immer mehr von der Kraft des auferstandenen Jesu kennenlernen und vertraute ihm mein ganzes Leben an. Danach bekam mein Leben – das, obwohl ich meine Ziele erreicht hatte, langweilig geworden war – einen dynamischen, geistlichen Sinn und wurde immer aufregender.

Seitdem ich diese lebendige Beziehung zu einem Gott habe, der alles über mich weiß und der sich um mich kümmert, und weil ich auch von dieser Beziehung erzähle, sind andere Menschen durch den Kontakt mit mir zum Glauben an ihn gekommen. Die Bibel enthält viele Berichte von Menschen, die persönliche Gotteserfahrungen gemacht haben. Was wir über sie erfahren, ist eine große Hilfe, wenn es darum geht, unser eigenes Zeugnis vorzubereiten. Je öfter wir Gottes Realität in unserem Leben bezeugen, umso persönlicher, entspannter und freundlicher wird es bei unserem Gegenüber ankommen.

Leider kommt es in unserem Leben vor, dass im Auf und Ab des Alltags auch die Beziehung zu Jesus leidet und manchmal sehr vernachlässigt wird. Was tun, wenn wir voller Zweifel oder Schuldgefühle sind? Wie können wir wieder dahin kommen, dass wir Jesus spüren, denn das ist doch die wesentlichste Grundlage für unser Zeugnis. Wenn die Beziehung zu einem uns liebgewordenen und wertvollen Menschen leidet oder sogar vernachlässigt wird, dann liegt es oft an unserem überfüllten Terminkalender. Wir teilen das Interesse dieses Menschen an unsere Beziehung nicht mehr und unterschätzen das Potential unserer regelmäßigen Treffen. Fakt ist, sobald es an Austausch zwischen uns und solch einem Menschen fehlt, werden wir immer weniger bis gar nichts Neues über ihn erfahren oder weiterzuerzählen haben. Irgendwann werden wir uns auseinandergelebt haben. Wenn das passiert, wird es über kurz oder lang auffallen, dass sein Vorbild, Rat und Einfluss, der Ansporn zum Guten und seine treue Unterstützung Lücken in unserem Leben hinterlassen. Es wird offenbar, dass der Umgang mit dieser Person uns positiv beeinflusst und geprägt hatte. Was tun?

Obwohl wir spüren, dass diese Person uns heute fehlt, haben wir große Zweifel, ob sie noch Interesse an uns hat. Immerhin waren wir diejenigen, die sich zurückgezogen haben, nicht das Gegenüber. Unser schlechtes Gewissen macht es uns auch nicht gerade leichter, den Kontakt wiederherzustellen. Wer hat schon Interesse an jemanden, der selbst kein Interesse zeigt, der unzuverlässig, untreu, stolz oder egoistisch ist? Der einzige Weg, das herauszufinden ist, einfach mal anzurufen. Bei diesem Gespräch kann man auch endlich sagen, was einem leid tut und um Vergebung bitten. So kann man eine Beziehung wieder aufleben lassen.

Genauso können wir es mit Gott machen. Er hat niemals sein Interesse an uns verloren. Er freut sich jedes Mal, wenn wir mit ihm ins Gespräch kommen, egal, was gewesen ist. Bei Gott können wir ungeschminkt reden und auch ihn zu Wort kommen lassen, indem wir die Bibel lesen. So beginnt die Beziehung wieder zu knistern! Wer in die Gegenwart Gottes eintaucht, taucht lebendig bei den Menschen auf. So einfach ist es. Wenn Gott auf solche Unkompliziertheit steht, dann dürfen und sollen wir das auch. In Prediger 7,29 steht: *„Gott hat die Menschen einfach und aufrichtig geschaffen, aber manche wollen alles kompliziert haben!"* Aber warum kompliziert, wenn es auch ganz einfach geht?

Wenn Sie Ihr persönliches Zeugnis vorbereiten möchten, schreiben Sie zuerst kurz über Ihre Vergangenheit, zweitens, wie Sie Jesus kennengelernt haben, und drittens, was Jesus Ihnen bedeutet und wie Sie heute mit ihm leben. Gott will und wird Ihr Erzählen – ob mündlich oder schriftlich – nutzen, um weitere Menschen für Jesus zu gewinnen. Beten Sie: *„Herr, tue meine Lippen auf, dass mein Mund deinen Ruhm verkündige"* (Psalm 51,17). Und vergessen Sie nie, dass auch Ihnen irgendjemand mal von Jesus erzählt hat. So lebt sich's gut.

Schritt für Schritt
Vertrauen lernen

Was Gott verspricht, das hält er auch!

Wussten Sie, dass Gott uns in der Bibel rund 7.000 Zusagen und Verheißungen gibt? Und es kommt noch besser: Er steht ganz fest zu diesen Versprechen und handelt danach! Das heißt: Sie und ich können mit Gottes Zusagen im Alltag Erfahrungen machen. Wir können sie für unsere Lebensumstände in Anspruch nehmen. Sie gelten tatsächlich uns und sollen unsere Gedanken, Gefühle, Wünsche, Entscheidungen und unser Handeln prägen. Schon König David bestätigt in Psalm 138,2-3:

> *„Du hast dein Versprechen erfüllt,*
> *ja, du hast noch viel mehr getan,*
> *als wir von dir erwartet hatten!*
> *Du hast mich erhört, als ich zu dir schrie;*
> *du ermutigst mich zu den kühnsten Wünschen!"*

Doch um Gottes Zusagen zu erkennen und in Anspruch zu nehmen, müssen wir sein Wort kennen. Je mehr Zusagen wir kennen, desto mehr können wir sie in Anspruch nehmen. Die Frage ist: Wie viele kennen wir? Interessieren wir uns für das, was Gott uns verheißen hat? Wollen wir überhaupt

wissen, was uns zusteht? Aus der Feder des eng-
lischen Predigers C. H. Spurgeons stammt der Rat:
*„Behandle Gottes Zusagen nicht wie Museumsstü-
cke, sondern glaube ihnen und mache von ihnen
Gebrauch!"* Schließlich ist Gott nicht irgendwer,
der den Mund zu voll nimmt, sondern der einzig
wahre Gott selbst.

Das heißt aber nicht, dass Gott dann auch immer
so handelt, wie wir es uns vorstellen. Seine Verheißungen sind nicht datiert und haben auch kein
Verfallsdatum. Wichtig ist, dass wir Gott glauben,
dass er zuverlässig ist. Die Bibel erzählt von den
Israeliten, die Gott aus der ägyptischen Sklaverei
gerettet hatte. Sie suchten bald darauf einen anderen Gott, weil nicht alles so lief, wie sie es sich
vorgestellt hatten. Wichtig ist, dass wir Gott vertrauen und daran glauben, dass er es gut mit uns
meint und dass er zu seiner – zur rechten Zeit –
handelt, weil er ein gerechter Gott ist. Dafür brauchen wir manchmal mehr Geduld, als uns lieb
ist, und vor allem brauchen wir Vertrauen, dass
der richtige Zeitpunkt kommt, zu dem Gott seine
Versprechen uns gegenüber einhalten wird. Also
müssen wir dafür sorgen, dass wir zum richtigen
Zeitpunkt am richtigen Ort sind, an den Gott uns
platzieren möchte und auch das Richtige tun.

Wenn wir unseren Teil tun, hält Gott seine Versprechen ein. Das hat der Prophet Nehemia so verstanden und ausgelebt. Mutig hielt er Gott seine
Zusagen vor und nahm sie in Anspruch. Er betete:

„Aber denk doch daran, dass du, Herr,
ausdrücklich zu deinem Diener Mose gesagt hast:
Wenn ihr mir untreu werdet, will ich euch
unter die fremden Völker zerstreuen;
wenn ihr aber zu mir zurückkehrt,
auf meine Gebote achtet und sie befolgt
werde ich sogar die, die ich bis ans äußerste Ende
der Erde verstoßen habe, von dort zurückholen.
Ich will sie heimbringen an den Ort,
den ich erwählt und zum Wohnsitz
meines Namens bestimmt habe!
So hast du gesagt."

Nehemia 1,5-11

Das nenne ich Vertrauen in Gottes Zusagen! Nehemia ging zuversichtlich davon aus, dass, wenn er das tut, was Gott will, Gott seine Zusagen einhalten wird. Seither lese ich mit Vorliebe die Bibelstellen mit einer „Wenn-Dann-Aussage". Wie zum Beispiel:

„Kommt zu mir, ihr alle, die ihr euch plagt
und von eurer Last fast erdrückt werdet
= ich werde sie euch abnehmen!"

Matthäus 11,28

„Macht euch keine Sorgen, sondern wendet euch
in jeder Lage an Gott und bringt eure Bitten vor ihn.
Tut es mit Dank für das, was er euch geschenkt hat.
= Dann wird der Friede Gottes,
der alles menschliche Begreifen weit übersteigt,

euer Denken und Wollen im Guten bewahren,
geborgen in der Gemeinschaft mit Jesus Christus."

Philipper 4,6-7

„Wenn wir aber unsere Verfehlungen eingestehen,
können wir damit rechnen,
dass Gott treu und gerecht ist.
= Er wird uns dann unsere Verfehlungen vergeben
und uns von aller Schuld reinigen."

1. Johannes 1,9

„Wenn es aber unter euch welche gibt,
die nicht wissen, was sie in einem bestimmten Fall
tun müssen, sollen sie Gott um Weisheit bitten
= und Gott wird sie ihnen geben.
Denn er gibt sie allen gerne,
ohne ihnen Vorwürfe zu machen."

Jakobus 1,5

„Wenn du dir etwas sagen lässt,
= dann gewinnst du Einsicht."

Sprüche 15,32

... nur um einige von 7000 zu nennen. Vor etlichen Jahren las ich zum ersten Mal bewusst Jesu Zusage in Lukas 18,28:

„Ich versichere euch:
Jeder, der sein Haus, seine Frau, Geschwister,
Eltern oder Kinder zurückgelassen hat,

weil Gott jetzt seine Herrschaft aufrichtet,
der bekommt das alles schon in dieser Welt
vielfach zurück und in der kommenden Welt
erhält er das ewige Leben!"

Zu dieser Zeit führte Gott unsere Familie gerade von Kanada nach Deutschland in die missionarische Arbeit. Für uns war das nicht nur aufregend, sondern es bedeutete genau das: Wir mussten unsere Familie, unsere Arbeit, unsere Gemeinde und Freunde loslassen. Die Entscheidung fiel uns nicht leicht. Doch nachdem ich diesen Vers gelesen hatte, war ich ganz sicher, dass Gott uns versorgen würde. Und genau das hat er getan. Wir wohnen wieder in einem eigenen Haus und haben viele neue und liebe Menschen in unserem Leben, die wie eine Mutter und wie ein Vater für uns sind. Gott und sein Wort – ob Anordnung, Bedingung oder Zusage – haben mich noch nie enttäuscht, sondern mir geholfen, richtig zu denken, zu wollen, zu entscheiden und zu handeln. Wenn ich zurückschaue, kann ich nur bestätigen, was David schon in Psalm 19 geschrieben hat:

„Gottes Gebote sind vollkommen
und geben uns Kraft und Leben.
Gottes Mahnungen sind gut und helfen uns
zur Einsicht. Gottes Weisungen sind zuverlässig
und erfreuen unser Herz.
Gottes Anordnungen sind deutlich
und geben uns einen klaren Blick.

Gottes Gebote sind richtig und gerecht,
kostbarer als das feinste Gold
und süßer als der beste Honig.
Wer auf sie hört und sie befolgt,
erlebt Gottes Segen!"

Dabei dürfen wir niemals vergessen: Gottes Verheißungen sind keine Art von Bestechung, um unser Interesse zu wecken. Der Himmel bietet nichts, wonach eine egoistische Seele Verlangen haben könnte. Nur ein aufrichtiges Herz weiß, dass es Gott „schauen" wird und dass dies ein Vorrecht ist. So lebt sich's gut.

Schritt für Schritt zur Gewissheit der Berufung

Es gibt keine „Norm-Berufung"

Es war ein gewöhnlicher Mittwochmorgen für mich als Mutter von zwei Jungs und Teilzeit-Berufstätige, als das Telefon klingelte. Es war eine Freundin aus unserem Hauskreis. Wir kannten uns schon seit vielen Jahren, teilten Freud und Leid, machten einander Mut und packten zusammen missionarische Projekte an. Diesmal war der Austausch kurz, bis sie dann fragte, ob sie mir eine sehr persönliche Frage stellen dürfte. Nichts ahnend erwiderte ich spontan und sehr gespannt: „Na klar, du kennst mich doch, ich bin relativ offen!" Ihre Frage kam allerdings etwas zögernd und vorsichtig formuliert, so als sollte sie niemand sonst mitbekommen: „Doris, wie schaffst du es eigentlich, ohne Sex auszukommen, wenn Wilfried länger als eine Woche als Evangelist im Reisedienst unterwegs ist?"

Oh ha! Mit dieser Frage und einem so großen Interesse an unserem Eheleben hatte ich nicht gerechnet. Nicht von ihr oder sonst irgendjemandem! Wen geht es eigentlich etwas an, wie mein Mann und ich unser Liebesleben gestalten und ob wir damit zufrieden sind oder nicht?! Wie ein Blitz schoss mir Psalm 50,15 durch den Kopf: *„Rufe mich (Gott) an in der Not, so will ich dich erretten, und du sollst mich preisen!"* Im Bruchteil von Sekunden bat ich Gott um Weisheit, weder zu viel noch zu wenig von unserem Privatleben preiszugeben.

Also erzählte ich ihr, dass ich Wilfried schon mit 18 Jahren geheiratet hatte und seither nichts anderes kennengelernt habe als einen Partner, der kommt und geht. Ich habe in ihm einen Freund, der mir nicht immer zur Seite stehen kann. Ein Gesprächspartner, der nicht immer als Gegenüber fungieren kann. Einen Ermutiger, der nicht immer ansprechbar ist. Einen Helfer, der nicht immer mit anpacken kann. Einen Bewunderer, dessen Komplimente und wohltuende Worte manchmal nur per Telefon kommen können. Einen Liebhaber, auf dessen Zärtlichkeit ich hin und wieder warten muss. Und umgekehrt auch. Anders habe ich es nie gekannt. So war es von Anfang an bei uns – bis heute.

Bei uns gibt es „mein Leben, sein Leben und unser Leben" – und das ständig im Wechsel. Uns persönlich bekommt dieser Rhythmus gut, und das letztendlich, weil wir uns von Gott höchstpersönlich zu diesem Leben, und damit auch zu unserem Liebesleben, berufen wissen. Immerhin, unsere Liebe hat bis heute gehalten. Sicher nicht deshalb, weil wir uns einen genialen Lebensstil zu zweit oder zu viert als Familie ausgedacht und seither spurgenau ausgelebt haben. Nein, unser Leben ist gut, so wie es ist. Es gefällt uns, bekommt uns und bewirkt Gutes, weil wir uns auf den durchdachten Plan Gottes für unser Leben eingelassen haben.

Wir vertrauen darauf, dass Gott die Macht hat, die richtigen Menschen mit den richtigen Aufgaben zusammenzubringen, und wir vertrauen darauf, dass Gott den, den er beruft, auch befähigt und wen er fordert, dem gibt er. Wir leben auch nicht mit der Vorstellung, dass jede göttliche Berufung nur gute Aspekte hätte, oder dass sie immer einfach sei, oder stets Anerkennung fände. Jeder, der Jesus nachfolgt, muss bereit sein, sein Päckchen zu tragen. Wenn eine Berufung seitens Gottes unregelmäßige Zeiten zu zweit oder sogar Abstinenz für eine gewisse Zeit fordert, dann müssen diese nicht zwingend zur Unzufriedenheit führen. Abstand von geliebten und wertgeschätzten Menschen wegen der Berufung oder der familiären Umstände, macht eine Liebesgemeinschaft nicht automatisch zur Möbelgemeinschaft. Im Gegenteil, es hat auch viele Vorteile: Wer weiß, wo wir beide heute wären, wenn wir Gottes Plan für uns als menschenunfreundlich, eheunfreundlich oder familienunfreundlich abgelehnt hätten.

Es gibt keine Norm-Ehe, keine Norm-Familie und keine Norm-Berufung. Nicht, wenn wir Jesus-Nachfolger sind! Nicht, wenn Gott unsere persönliche Lebensreise bestimmen darf! Wenn Gott uns persönlich (heraus)fordert, dann gibt er uns auch das, was wir brauchen, damit sein maßgeschneiderter und erfüllender Plan für unser Leben verwirklicht werden kann. Ein Plan, der seinen Absichten dient, ihn verherrlicht und sein Reich baut. Jeder Mensch, der in Tuchfühlung mit Gott ist und bleibt, der offen ist für alle Möglichkeiten, alle Einschränkungen und auch untypische Wege, wird wissen und auch damit rechnen, dass seine Lebensreise auf eine ganz andere Art und Weise verläuft, als er und andere sich das gedacht haben. Eine Lebensreise als Single, Ehepaar oder Eltern ist keine Reise, auf der wir einen Autopiloten einschalten können. Auch keine Reise, die wir selbst planen oder überblicken können. Gott plant sie. Und sie ist und bleibt spannend. Da gibt es immer wieder etwas Neues oder völlig Untypisches.

Der untypische Anruf an diesem typischen Alltag war nur der erste, der mich an diesem Tag irritierte. Abends bekam ich einen zweiten Anruf, der mich verwunderte. Diesmal von einer leitenden Person aus unserer Gemeinde, die Wilfried sprechen wollte. Aber Wilfried war wieder, wie so oft, unterwegs zu Vorträgen. Daraufhin meinte der Anrufer: „Manche Ehemänner reisen gerne mal weg von zu Hause!" Ich war geschockt! Sollte das ein Witz sein? Wenn, dann war es ein schlechter Witz. Mein Gesprächspartner ließ seinen Satz ohne weiteren Kommentar stehen und verabschiedete sich darüber hinaus überraschend höflich.

Ich war einerseits völlig perplex über seine Aussage, andererseits hatte sie mich sehr nachdenklich gestimmt. Nicht, dass ich auf einmal dachte, mein Mann brauche hin und wieder Abstand von mir und den Kindern. Nein, ich dachte eher daran, dass, weil diese beiden Anrufe an einem Tag gekommen waren, Gott uns eventuell etwas sagen wollte. Vielleicht wollte er uns warnen, dass wir uns inzwischen doch zu viel zumuten und dass die vermehrten Trennungen vielleicht doch „ehe- und familienunfreundlich" sind und deshalb zu schwer werden könnten. Tatsache war, dass die Dienste über die Jahre zugenommen hatten. Ich selbst war inzwischen ebenfalls als Referentin zu Vorträgen unterwegs.

Jetzt hatte die Neugier mich gepackt. Jetzt wollte ich wissen, was Gott zu alldem zu sagen hatte. Als mein Mann von seiner Dienstreise nach Hause kam, erzählte ich ihm von den beiden Anrufen und von meinen wachsenden Bedenken über unseren Lebensstil in Ehe und Familie. Ich erwähnte aber auch bewusst, dass ich bislang nicht den Eindruck hätte, dass wir uns auf einem Holzweg befänden. Also vereinbarten wir, mit Gott darüber zu reden – aber in diesem Fall getrennt, um uns nicht gegenseitig zu beeinflussen. Wir suchten beide aufrichtig Gottes Willen, denn bislang hatte er uns wunderbar geführt. Also machten wir aus, uns erst wieder in drei Tagen über dieses Thema zu unterhalten – ohne Kinder.

Als es so weit war, schaute Wilfried mich an und sagte fast entschuldigend: „Fang du an, ich habe keine guten Nachrichten!" Worauf ich gefasst erwiderte: „Ist schon okay, fang du ruhig an!" Sein Eindruck war, dass Gott uns grünes Licht gibt, um weiterzumachen wie bisher. Da war ich aber froh, denn ich hatte noch am selben Morgen in meiner Tagesandacht in 1. Johannes 5,3 gelesen: *„Gott zu lieben heißt, seine Gebote zu befolgen, und das ist nicht zu schwer!"* Das war meine Antwort von Gott! Als zu schwer hatte ich mein Los als Geliebte und Mutter bislang nicht empfunden. Vielleicht konnten sich andere unser Leben nicht oder kaum als „normal" oder sogar „richtig" vorstellen – aber uns fiel es nicht zu schwer. Also waren wir uns einig, dass wir wie bisher weitermachen würden.

Im selben Augenblick klingelte das Telefon, und Wilfried wurde zu einer evangelistischen Veranstaltung eingeladen. Noch nicht völlig sicher, wie er sich nun entscheiden sollte, legte er seine Hand auf den Hörer und fragte mich: „Und, was soll ich nun sagen?" Ich antwortete leise: „Annehmen! Wir wissen doch, was für uns als Familie dran ist!" Merkwürdig war schon, dass uns in all den Jahren noch nie eine Diensteinladung so früh wie an diesem Samstagmorgen erreicht hatte. Das nenne ich „himmlisches Timing", und es war für mich eine eindeutige Bestätigung, dass wir mit unserem Denken und Tun richtig liegen.

Aber das war immer noch nicht das Ende der Geschichte. An jenem Tag kam noch ein weiterer aufschlussreicher Anruf. Ein Geschäftsmann, der kürzlich gläubig geworden war und daraufhin unseren Hauskreis besuchte, wollte Wilfried sprechen. Aber Wilfried war an diesem Abend auch wieder unterwegs zu einem Vortrag. Daraufhin sagte der Anrufer: „Dein Mann ist sehr viel unterwegs!" „Nicht schon wieder!", dachte ich. Nicht schon wieder jemand, der sich Gedanken über unsere Ehe macht!"

Aber nach den aktuellen Erkenntnissen über Gottes Plan für uns ließ ich diesen Mann weiterreden. Ich war ja gewappnet. Ich wusste wieder von höchster Stelle, wer ich bin, warum ich lebe und was ich zu tun habe. Ich erklärte ihm, dass wir beide ein „Ja" zu unserer Berufung und unserem Lebensstil haben und ihn auch als gut erleben. Darauf meinte er zu meiner Überraschung: „Ich denke oft über eure Ehe nach und ich beneide sie. Ich wünschte, ich könnte auch hin und wieder für ein paar Tage von meiner Frau getrennt sein, um anschließend so frisch und fröhlich wieder zusammenzukommen, wie es euch gegönnt ist!" Mit dieser Reaktion hatte ich nicht gerechnet!

Mir wurde eins klar: Jeder hat einen Plan für dein Leben, aber Gott hat dich lieb! Jeder sieht das Leben des anderen mit seinen Augen und Erfahrungen. Der eine findet es gut, der andere bedenklich. Der eine kann es sich für seine Ehe oder Familie gar nicht vorstellen, der andere beneidet es eher. Tatsache ist, es wird immer wohlmeinende Menschen geben, die eine feste Vorstellung für unser Leben haben. Eine Vorstellung von dem, was eine

Norm-Ehe und Norm-Familie sind. Aber das ist nicht entscheidend, sondern Gottes Plan, der für Groß und Klein gut ist. Wenn Gott etwas vorhat, dann denkt er an alle und alles. Da kommt keiner zu kurz. Ich kann von ganzem Herzen nachvollziehen, was David in Psalm 16,7-9,11 so ausdrückt:

„Herr, was ich brauche, du teilst es mir zu;
du hältst mein Los in der Hand.
Mir ist ein schöner Anteil zugefallen;
was du mir zugemessen hast, gefällt mir gut.
Ich preise den Herrn, der mir sagt, was ich tun soll;
auch nachts erinnert mich
mein Gewissen an seinen Rat.
Er ist mir nahe, das ist mir immer bewusst.
Er steht mir zur Seite, ich fühle mich ganz sicher.
Darum bin ich voll Freude und Dank,
weil ich mich beschützt und geborgen weiß ...
Du, Gott, führst mich den Weg zum Leben.
In deiner Nähe finde ich ungetrübte Freude,
aus deiner Hand kommt mir ewiges Glück!"

Auch der dritte Anruf war nicht das Ende der Geschichte. Kurz darauf wollte eine ältere gottesfürchtige Frau wissen, warum wir nur zwei Kinder haben. Mit unserer Antwort: „Weil wir uns entschlossen haben, nur zwei Kinder zu haben", war sie offensichtlich nicht zufrieden. „Warum denn?", fragte sie weiter. „Weil wir uns beide als Evangelisten im Reisedienst berufen wissen und daher nicht immer zu Hause ansprechbar sind!" Nun, wollte sie wissen, ob wir es Gott nicht zutrauen würden, dass er für uns sorgen könne, und ob wir nicht an die Hilfe und den Schutz von Engeln glaubten. Mein Mann hörte lange stillschweigend zu, als aber die Fragen nicht nachließen, sagte er etwas, das kaum Raum ließ für weitere Fragen: „Wenn Paulus sich für die Sache des Herrn (den missionarischen Reisedienst) entscheiden konnte, gar nicht zu heiraten, dann können wir uns für die Sache des Herrn entscheiden, die Zahl unserer Kinder zu begrenzen." Ich war beeindruckt von dieser Weisheit, und die Frau sprachlos. So lebt sich's gut.

Schritt für Schritt mit Veränderungen leben

Wenn Gottes großer Plan unsere menschlichen Pläne zunichtemacht

Manchmal kommt alles ganz anders, als man denkt. So war es für mich mitten in einem Sommer, der mit unterschiedlichen Veranstaltungen ausgebucht war. Geplant waren in dieser Zeit eine TV-Evangelisation, ein Frauenfrühstückstreffen, ein Candlelight-Dinner für Paare, ein Gottesdienst, eine Konferenz und eine 10-tägige Sommerfreizeit. Doch dann kam alles ganz anders. Während der TV-Evangelisation – ausgerechnet an dem Tag, an dem ich eine Predigt über den sterbenskranken Lazarus gehalten hatte – bekam ich einen Anruf aus Kanada, dass mein Vater im Sterben liege.

Zum ersten Mal in 20 Jahren sagte ich plötzlich mehrere Dienste ab, beziehungsweise gab diese an andere Referenten ab. Zu meinem Erstaunen waren alle Referenten, die ich angefragte, schon von Gott vorbereitet und sprangen gerne ein. Dadurch konnte ich meinen Vater in seinen letzten Tagen und bei seinem letzten Atemzug begleiten und auch meiner Mutter eine Unterstützung sein. Es war für uns alle eine intensive und gesegnete Zeit. Auch wenn alles ganz anders lief, als es geplant war, weiß ich, dass ich genau an dem Platz war, wo Gott mich haben wollte – bei meiner Familie in Kanada.

Egal, wozu wir berufen sind – weil wir berufen sind, sind wir auch befähigt und bevollmächtigt. Und deswegen können wir auch genau das tun, was Gott uns gerade vor die Füße legt, ganz nach dem Motto: *„Des Menschen Herz erdenkt sich seinen Weg, aber der Herr allein lenkt seinen Schritt!"* (Sprüche 16,9). Manchmal sind wir berufen, unseren alltäglichen Aufgaben mit Hingabe nachzugehen. Manchmal sind wir berufen, uns eine Zeit des Auftankens zu gönnen, in der unser Feld stillgelegt ist, bis wieder geerntet wird. Es gibt andere Zeiten, da sind wir berufen, neue Dinge zu tun und neue Wege einzuschlagen. Das ist fantastisch. Es kann aber auch sein, dass wir berufen sind, uns um einen Pflegefall in der Familie, einen Menschen am Anfang des Glaubens oder einen Nachbarn zu kümmern. Alles hat seine Zeit. Im Buch des Predigers steht im Kapitel 3,11: *„Gott hat für alles eine Zeit vorherbestimmt, zu der er es tut; und alles, was er tut, ist vollkommen".*

Alles, was wir an Liebe und Treue in Beziehungen investieren, wird Frucht für die Ewigkeit sein. Auch wenn Menschen unseren Einsatz nicht immer schätzen oder anerkennen – Gott tut es! Es gibt keine größere Investition, die wir tätigen könnten, als Liebe in Menschen zu investieren. Das ist die größte Hoffnung für jede Familie, für jede Gesellschaft. Es geht nicht nur um Vorträge, Predigten und Seminare, sondern es geht um das Leben. Es geht nicht nur um Lehre, Wissen und Theorie, sondern um das Dasein, Zuhören, Trösten, Helfen und Ermutigen. Es geht nicht nur um Traktate und Bibeln, sondern um eine Mahlzeit, eine Karte oder einen Blumenstrauß im Namen Jesu. Die Menschen in unserem Leben brauchen unsere Aufmerksamkeit und Hingabe. Sie werden lernen, Gottes Liebe zu vertrauen, weil sie von Kindern Gottes Liebe empfangen. So funktioniert Gott. Er tut Wunder. Er bringt Hoffnung zu denen, die keine haben – durch Menschen, die bereit sind, einen Schritt zu wagen und mit ihm zusammenzuarbeiten.

Wenn wir einmal auf unser Leben zurückschauen, werden wir uns sicherlich nicht fragen: Wie viel Geld habe ich verdient, oder wie viele Auszeichnungen und welches Maß an Anerkennung habe ich bekommen? Oder wie viele Follower habe ich in den sozialen Medien gesammelt? Eher werden wir uns fragen: Für wen habe ich gelebt, und wofür habe ich mich eingesetzt? Habe ich einen positiven Unterschied im Leben der Menschen bewirkt, die Gott mir anvertraut hat? Gott sucht keine weltlichen Erfolge, er möchte unsere Herzen. Herzen, die sich von ihm lenken lassen, denn unser Leben besteht nicht nur aus einigen Jahren zwischen Geburt und Tod, die wir selbst für unsere Fortschritte und Vergnügen planen und nutzen.

Unser Leben ist ein Geschenk, ein Vorrecht, eine Verantwortung, ein Auftrag in höchster Berufung. Dieser Auftrag hat mit der Macht Gottes zu tun, die durch uns fließt zu seiner Ehre. So lebt sich's gut.

Schritt für Schritt Haltung zeigen

Keine Angst vor dem Spiegel

„Kleider machen Leute!" Diese Worte habe ich oft in meinem Elternhaus gehört, und mein Vater war dementsprechend sehr großzügig, wenn es darum ging, dass seine Frau und seine drei Töchter stets gut gekleidet waren. Und das Motto meiner Großeltern war: Hauptsache, die Kleider sind sauber und die Schuhe geputzt!

„Kleider machen Leute" – das galt damals. Heute gilt: „Körper machen Leute". Der neue Luxus ist das verwöhnte, gepflegte und durchtrainierte Selbst. Als immer mehr Freunde in meinem Umfeld von ihren guten Erfahrungen mit einem Crosstrainer schwärmten, und ich zunehmend das Gefühl hatte, ich sollte mir auch einen anschaffen, legte ich mich gemütlich auf den Teppichboden meines Wohnzimmers und wartete, bis das Gefühl vorüberging! Nein, Spaß beiseite.

Bei vielen Menschen ist Schönheit tatsächlich durch Leistung erworben, bei anderen ganz einfach ein Geschenk der Natur. Ein Geschenk oder eine Strafe – es kommt ganz darauf an. Wer außergewöhnlich schön ist, kann die Menschen in seinem Umfeld zu zwei gegensätzlichen Reaktionen bewegen: Bewunderung und Bevorzugung oder Neid und Eifersucht. Übermäßige Schönheit ist mit Vorsicht zu genießen, denn sie kann aus guten Menschen schlechte Menschen machen. Sie kann zu Arroganz und Rücksichtslosigkeit führen. Wenngleich Attraktivität ein Geschenk der Natur ist, dann eines mit geringem Haltbarkeitsdatum. Am Ende fallen auch den schönsten Männern die Haare aus, und zum Schluss treten selbst bei den schönsten Frauen die Adern hervor. Jeder wird älter und schließlich auch alt. Die Sterbensrate ist immer noch 100%! Schönheit ist nur bedingt käuflich.

Was aber wirklich schön an einem lebendigen Menschen ist, lässt sich nicht in einem Gemälde, auf einem Foto oder in den sozialen Medien erkennen. Schönheit ist dort zu finden, wo sich nach außen das zeigt, was innen ist, wie zum Beispiel Halt. Der schönste Mensch kann unattraktiv wirken, wenn er unzufrieden, undankbar, ungeduldig, orientierungslos oder anerkennungssüchtig ist, oder wenn er sich selbst bemitleidet und ein Anspruchsdenken hat. Der schönste Mensch kann abstoßend wirken, wenn er in schwierigen Zeiten keine Haltung zeigt, wenn er seinen Herausforderungen mutlos begegnet und kein Gespür dafür hat, was seine Persönlichkeit wirklich ausmacht.

Wenn wir uns jedoch daran gewöhnen, aus Einsicht und Überlegung das zu tun, was in moralischer Hinsicht erforderlich ist, sorgen wir dafür, dass sich diese Gewohnheit zu einer Grundhaltung verfestigt. Das Schöne braucht also das Gute. Menschen, deren äußere Schönheit sich nach und nach in innere Haltung verwandelt, bleiben ein Leben lang attraktiv. Ihre Haltung triumphiert über das Unschöne in ihrem Leben. Ein guter Mensch ist immer irgendwie schön, aber ein schöner Mensch ist nicht immer gut. Die Geschichte der außergewöhnlich schönen Königin Esther, die einen Schönheitswettbewerb gewann, wäre niemals ein Teil der Bibel geworden, wenn sie nicht mutig ihre Stimme für das Wohl ihres Volkes erhoben hätte. Sie wurde nicht nur für ihre Schönheit bekannt, sondern auch für ihren Glauben, ihre Tapferkeit und ihre seelische Kraft.

Also werde ich weiterhin ein bisschen Sport treiben, mich aber hauptsächlich darum bemühen, – mit Gottes Hilfe – aus Einsicht das zu tun, was in moralischer Hinsicht erforderlich ist, nämlich, mich besonnen, vernünftig und mutig für das Gute einzusetzen. Dann brauche ich auch keine Angst vor meinen Feinden zu haben – weder vor der Waage, noch vor der Umkleidekabine, und schon nicht vor dem Spiegel! So lebt sich's gut!

Schritt für Schritt zum Wertevermittler

„Fiktion und Fakten"

„Nicht schon wieder!", dachte ich, als unsere Waschmaschine zum dritten Mal streikte. Nachdem der Kundendienst mit den Reparaturen fertig war und die Rechnung geschrieben hatte, fragte er mich nach dem Alter der Maschine. Als ich ihm die vier Jahre alte Rechnung zeigte, schaute er mich wohlwollend an und meinte: „Frau Schulte, Sie müssen jetzt all Ihre Unterlagen über diese Maschine zerreißen, denn ich habe auf meine Rechnung geschrieben, dass Ihre Maschine erst zwei Jahre alt ist. Somit kann ich einen Kulanzantrag stellen, und Sie müssen nur die Hälfte der Reparaturkosten bezahlen!" „Wow", dachte ich, „was für ein großartiges Angebot für Leute, die es leid sind, ihr Urlaubsgeld für Reparaturen auszugeben."

Da stand ich also im Wirtschaftszimmer, den Kundendienst an der einen Seite, und an der anderen meinen Sohn, dem ich immer gepredigt hatte, wie wichtig es sei, die Wahrheit zu sagen. Jetzt musste ich mich entscheiden, wie ich mit dieser Situation umgehen wollte. Als Christ war mir klar, was Sünde bedeutet, nämlich, ein egoistisches Leben in der Abwendung von Gott zu führen, anstatt mein

Leben so zu gestalten, dass es dem Willen Gottes entspricht. Soweit die Theorie. Und jetzt in der Praxis?

Innerhalb von Sekundenbruchteilen überlegte ich, was ich mir für das gesparte Geld kaufen könnte, um mein Leben zu versüßen. Außerdem kam mir der Gedanke, dass dieses Angebot vielleicht eine von Gott geschenkte Wiedergutmachung sein könnte für die vielen Reparaturkosten, die wir schon hatten. Meine Gedanken sprangen hin und her, was mir denn wichtiger sei: Das „unrechtmäßig erworbene" Geld, das mir an der nächsten Straßenecke gestohlen werden könnte – wenn Gott das zulässt –, oder sein Segen. Und vor allem wollte ich ja ein gutes Vorbild für meine Kinder sein, denn mir war auch klar, dass Authentizität eine natürliche Autorität bewirkt und eine starke Einladung ist, ebenfalls authentisch zu leben.

Weshalb war ich trotzdem versucht, mich auf dieses Angebot einzulassen? Was steckte dahinter? Wollte ich mir mit dem Geld ein weiteres Paar Schuhe kaufen? Mein Ego noch mehr füttern? Wenn ich meine Versuchungen anschaue, dann fällt mir auf, dass meine Verwundbarkeit ihnen gegenüber oft aus einem Wunsch nach Anerkennung kommt. Und dies, obwohl ich als Christ verstanden habe, dass das Bedürfnis, mir selbst meinen Wert zu beweisen, niemals befriedigt werden kann, und dass mangelndes Selbstbewusstsein die Kehrseite von Stolz ist. Im Klartext: Wenn ich das „unmoralische Angebot" annehme, offenbare ich, dass Gott nicht der Mittelpunkt meines Lebens ist. Mir wird bewusst: Dieser Moment ist eine Chance, meine Identität in Gott und nicht in der Anerkennung von Menschen zu finden.

Also bat ich den Kundendienst, seine Rechnung zu zerreißen und eine neue zu schreiben. Danach fühlte ich mich wie eine frischgebackene Lotto-Gewinnerin! Tatsache ist: Heiligung passiert nicht über Nacht. Sie ist harte Arbeit und kann lange dauern. Diese Langfristigkeit passt mir nicht. Wenn ich abnehmen will, dann doch auch am liebsten sofort. Ein Artikel „Bauch weg in 20 Jahren" klingt nicht verlockend. Und wenn ich an meinem Charakter arbeiten will, dann motiviert mich ebenso wenig ein Aufruf, der lautet: „Besiege fünf schlechte Gewohnheiten in 30 Jahren". Dennoch will ich dranbleiben und mich von Gott heiligen lassen. Also bete ich nicht nur: „Vater im Himmel, führe mich nicht in Versuchung", sondern auch: „Führe mich weg von Selbstzweifeln und hin zur Selbstannahme. Führe mich weg von falschen Abhängigkeiten und hin zu deinem Wort und zur Gemeinschaft der Christen. Führe mich ins Gebet und zur Kraft des Heiligen Geistes. Führe mich in den Dienst für dich". Das tue ich ganz bewusst, denn die größte Versuchung ist die, zu glauben, dass ich selbst nie versucht werden könnte. So lebt sich's gut.

Schritt für Schritt zur Genügsamkeit

Jederzeit ein Neuanfang

Endlich kam die Erleuchtung: Mir reicht's, ich habe genug! Ich habe tatsächlich genug Essen und Trinken auf dem Tisch sowie einen vollgepackten Tiefkühlschrank und über einhundert Einweckgläser mit selbstgemachten Köstlichkeiten. Mehr als genug, um satt zu werden. Ich habe ein bequemes Bett und genügend Schlafmöglichkeiten für alle fünf Enkel. Ich besitze genügend Schuhe, Hosen, Blusen, Jacken und Schmuck in verschiedenen Schränken und Schubladen, genügend Stühle und Sessel, in denen meine Gäste und ich es sich bequem machen und Gemeinschaft pflegen können, genügend Lampen, Bilder, Geschirr, Pflanzen, Blumen, Kerzen und Deko zum Wohlfühlen. Ich habe am Ende des Monats sogar noch Geld übrig für andere. Ich habe genug. Es reicht. Keine Werbung soll mir suggerieren, was ich im Leben noch so alles brauchen könnte. Weder ein Gutschein von 15,- Euro noch 20% Rabatt sollen mich zu überflüssigen Einkäufen verführen.

Auch wenn für meine Eltern, die zur Nachkriegsgeneration gehörten, weniger nicht als Mehrwert verstanden und erlebt wurde, scheint mir eine gewisse Genügsamkeit ein genialer Gegenentwurf zur aktuellen Reizüberflutung zu sein. Inzwischen kann ich mich begeistern lassen für den neuen Trend, bewusster und nachhaltiger zu konsumieren. Ich bin zu der Erkenntnis gekommen: ich will anders leben. Das muss erstmal eingeübt werden. Weiß ich! Aber bekanntlich ist die Erkenntnis der erste Schritt hin zur Besserung. Auch der erste Schritt zum Neuanfang. Der erste, mutige Schritt hin zu Genügsamkeit, Zufriedenheit und einem neuen Glück.

Ich habe mich entschieden, nichts von alledem, was ich jetzt habe, auszusortieren oder zu entsorgen, sondern ich möchte mich bewusst zufriedengeben mit meinem Istzustand, mit dem, was ich habe oder auch nicht habe – und das so lange wie möglich. Sollte ich tatsächlich in Zukunft etwas brauchen und nicht nur haben wollen, werde ich mir das gut überlegen und es mir eventuell anschaffen. Es geht mir um Genügsamkeit, nicht um eine radikale Enthaltsamkeit oder Entrümpelung. Ich will mich immer wieder daran erinnern, dass nichts und niemand auf dieser Erde perfekt ist, und auch nicht perfekt sein muss: keine Inneneinrichtung, kein Abendessen für Gäste, kein Outfit für die nächste Party und keine Urlaubsreise. Ich will mein Wollen und Tun immer wieder neu ausrichten lassen – einfach so, wie Gott es will. Und was er will, das bringt er mir behutsam in kleinen Erkenntnis-Schritten bei, oder er überzeugt mich von seinen guten Ideen von jetzt auf gleich durch sein Wort. Ich erlebe es als ein wahres Wunderwerk, was allein eine Tageslosung mitten im Alltag an meinem Denken und Wollen verändern kann, wie z. B. der Gedanke aus 1. Mose 3,6:

„Die Frau (Doris) sah, dass von dem
Baum (Geld) gut zu essen (kaufen) wäre
und dass er (es) eine Lust für die Augen wäre
und verlockend, weil er (es) klug (Spaß) machte."

in Zusammenhang mit Römer 12,2:

„Fügt euch nicht ins Schema dieser Welt,
sondern verwandelt euch durch die Erneuerung
eures Sinnes, dass ihr zu prüfen vermögt,
was der Wille Gottes ist:
das Gute und Wohlgefällige
und Vollkommene!"

Kaufen an sich ist nicht falsch, aber überflüssiges Kaufen schon. Ja, was soll ich sagen? Ich habe mich von meinem besten Freund und Erlöser überzeugen lassen und mir dieses neue Lebensmotto ausgewählt: Ich will nicht „nur" glänzen, sondern leuchten – leuchten für Jesus, indem ich ihm nachfolge in kleinen und großen Schritten. So lebt sich's gut!

Schritt für Schritt zur Hilfsbereitschaft

Das richtige Buch zur rechten Zeit!

Einladungen zu Veranstaltungen bekomme ich meistens ein bis zwei Jahre im Voraus. So auch eine Einladung zu einem Wochenendseminar für das Mitarbeiterinnen-Team einer Frauenarbeit zum Thema „Gute Kommunikation". Weil ich zu diesem Thema schon einiges an Vorträgen, Hand-Outs und Material fertig ausgearbeitet vorliegen hatte, hatte ich mir sehr wenig Freiräume für weitere Vorbereitungen in meinem Terminkalender eingeräumt. Der große Schock kam, als ich einige Tage vor Beginn des Seminars in der Korrespondenz zwischen dem Veranstalter und mir entdeckte, dass er im Laufe der Zeit das Thema geändert hatte. Nun sollte es nicht „Gute Kommunikation", sondern „Konfliktmanagement im christlichen Kontext" sein. Was jetzt?

Zu diesem Thema hatte ich so gut wie gar nichts zur Hand, außer ein paar Tagen Zeit für die Vorbereitungen. Außerdem war meine Schwägerin gerade aus dem Krankenhaus gekommen und brauchte dringend praktische Hilfe. Jetzt war ich in Zeitnot. Wie sollte ich das nun alles in kürzester Zeit auf die Reihe kriegen? Meine Stoßgebete

Richtung Himmel waren nicht zu überhören! Beten ist das eine, Tun ist das andere. Also tat ich, was ich tun konnte. Ich rief in der nächsten christlichen Buchhandlung an und bei den Dozenten des Theologischen Seminars Rheinland in der Nähe, ob sie ein Buch zum Thema „Konfliktmanagement im christlichen Kontext" vorrätig hätten. Nein, war die Antwort. Niemand konnte mir weiterhelfen.

Zeitgleich wusste ich in meinem Herzen, dass für Gott Menschen – also das Wohl des anderen – am allerwichtigsten ist. Ich wusste, ich bin zunächst einmal gefragt, für meine Schwägerin da zu sein. Also habe ich mich in der Küche nützlich gemacht. Ich habe Brot gebacken, verschiedene Suppen gekocht und Salate gemacht und bin mit einem Essenskorb zu ihr gefahren, im Vertrauen darauf, dass wenn ich das tue, was mir Jesus wichtigmacht und mir gerade vor die Füße legt, Gott für alles andere sorgen wird, was ich nötig habe, um ihm zu dienen – auch im Blick auf die Vorträge, die ich zu halten hatte.

Bei meiner Schwägerin angekommen, kamen wir ins Gespräch über ein lustiges Buch für Leute über 60, welches sie mir ausleihen wollte. Weil sie mit ihrem Rollstuhl nicht nahe genug an das Buch im Bücherregal herankam, half ich ihr. Als ich zu dem besagten Buch griff, las ich den Titel des Buches, das danebenstand: „Konfliktmanagement im christlichen Kontext!" Ja, was soll ich sagen. Mir kommen noch heute die Glückstränen, wenn ich darüber schreibe. Gott ist unser Helfer in der Not, damit wir ein Helfershelfer sein können.

Vieles im Leben schaffen wir nicht allein. Wir alle kommen in Situationen, in denen wir nicht allein auf die Beine kommen. Das ist ein Teil von Gottes Plan. Wir sind geschaffen worden, um in Gemeinschaft zu leben. Wir sind als Beziehungswesen geschaffen nach dem Motto: *„Es ist nicht gut, wenn der Mensch allein ist!* (1. Mose 2,18). Gott hat uns so gemacht, dass wir einander brauchen. Wenn wir uns umeinander kümmern, dann geht's uns besser – auch wenn wir eine unheilbare Krankheit haben. Das Wohl und das Lebensglück von einzelnen Menschen wurzeln in einer Gemeinschaft. Wenn sich alle gegenseitig helfen, braucht keiner allein für etwas zu sorgen. Füreinander da sein, kann unser Wohlbefinden und unser Lebensglück viel stärker positiv beeinflussen, als ein Medikament es je könnte.

Das wahre Leben hat nichts mit Regeln und Gesetzen zu tun, sondern mit Beziehungen. Es hat mit Liebe und Hilfsbereitschaft zu tun, nicht mit Leistung. Wichtig ist nicht, was wir erringen können, sondern das Wohl eines anderen. Es geht um Hingabe, und das nicht aus einer äußeren Verpflichtung heraus, sondern aus einer echten, fröhlichen Hilfsbereitschaft einander gegenüber. Gott hat uns so geschaffen, dass wir in einer Gemeinschaft, in der sich alle gegenseitig unterstützen, am besten aufgehoben sind, uns wohlfühlen, gedeihen und geistlich wachsen. Den anderen unterstützen, heißt nicht, dass wir ihm alle Lasten abnehmen. Dadurch machen wir ihn nicht stärker, sondern schwächer. Wir sollten uns gegenseitig so fördern, dass wir fähig werden, die Herausforderungen unseres Lebens gut zu meistern. Dafür brauchen wir einander. Wenn wir verbindlich in das Leben anderer Menschen und Gruppen investieren, tun diese Menschen das auch für uns. So werden echte Beziehungen entstehen, und das ist heilsam. *„Darum hört nicht auf, euch gegenseitig zu ermutigen und einander zu helfen, wie ihr es bisher ja schon tut."* 1. Thessalonicher 5,11.

Wenn ich an meine Erfahrung mit der Versorgung Gottes durch das perfekte Buch zum Thema Konfliktmanagement denke, bin ich ermutigt, mich täglich zu fragen: Wem kann ich heute auf die Beine helfen, wen kann ich ermutigen oder trösten, denn laut Paulus in Kolosser 3,12, *„gehöre ich auch zu den Menschen, die Gott auserwählt und gerecht gemacht hat und über alles liebt".* Und gerade deswegen soll ich *„Tag für Tag den neuen Menschen anziehen, der voll herzlichen Erbarmens ist, voller Güte, Demut, Sanftmut und Langmut".* In unserer Gemeinschaft der Hilfsbereitschaft liegt eine große Kraft, ein Riesenpotenzial und Gottes Segen. So lebt sich's gut.

Schritt für Schritt zur Gerechtigkeit

Geben ist seliger als Nehmen

Im weiteren Kreis unserer Familie gibt es eine Familie, die für sich selbst bestimmt hat, was sie zum Leben nötig haben, wie z.B. Essen, Trinken, ein Dach über dem Kopf, Kleidung, Bildung und der regelmäßige Besuch ihrer Verwandten im Ausland. Sie haben ausgerechnet, wie viel Geld ihres Gehaltes sie für diese Dinge brauchen und festgelegt, dass das übrige Geld den Armen gehört. Und sollten sie mal eine Gehaltserhöhung bekommen, sollte dieses Geld – so ihre Worte – auch den Armen zugutekommen.

Kennen Sie auch solche noblen, ehrenhaften Leute in Ihrem Umfeld? Menschen, die für Sie persönlich eine Herausforderung sind im positiven Sinne? Menschen, die Sie dazu zwingen, Ihre eigene Lebensweise zu überdenken und zu überprüfen? Solche Menschen sind mir ein großes Vorbild in Sachen selbstlose Liebe. Eine Liebe, die nichts von anderen will, sondern die alles für den anderen tut. Eine Liebe, die sich uneigennützig engagiert für Menschen, die übersehen, ungerecht behandelt oder verfolgt werden, und die für sie betet. Menschen, die selbstlos lieben, setzen sich ein, damit alle Menschen das bekommen, was ihnen rechtmäßig zusteht, wie z. B. Schutz für Leib und Leben, Gesundheit und Freiheit, nach dem Motto: „Jedem das, was ihm zusteht".

Gerechtigkeit mit meinen Taten zu verwirklichen, ist eine große Herausforderung. Es bedeutet, dass ich mich selbst einbringen muss, damit die Schätze der Natur, die allen Menschen auf der Erde anvertraut worden sind, auch allen zur Verfügung stehen. Das fordert eine gewisse Solidarität, die sich auch in Taten zeigt. Gleich am Anfang der Bibel steht, wie Kain – der Sohn von Adam und Eva – die Verantwortung für das Wohlergehen seines Bruder Abel knallhart ablehnte mit den Worten: *„Soll ich der Hüter meines Bruders sein?!"* Und Gott konfrontierte ihn mit seiner Verantwortung und sagte: *„Hörst du nicht, wie das Blut deines Bruders von der Erde zu mir schreit?"* Und im Neuen Testament solidarisiert sich Gott in Jesus mit denen, die schwach oder benachteiligt sind oder ungerecht behandelt werden, und sagt:

> *„Was ihr nicht getan habt einem*
> *von diesen Geringsten, das habt ihr*
> *mir auch nicht getan!"*

Matthäus 25,45

Das sind klare, unmissverständliche Worte. Für Jesus ist Solidarität mehr als Mitleid. Es ist ein tiefes Mitfühlen, Mitleiden und Mittragen eines jeden Menschen. Gott will, dass wir uns als „Hüter unseres Nächsten" sehen. Dass Gott in Jesus Mensch geworden und auf dieser Erde gekommen ist, um uns aus unserer Gottesferne zu retten, das ist der tiefste Ausdruck von Solidarität. Wenn ich an diesen Retter-Gott glaube, dann habe ich keine Wahl – ich bin verpflichtet, im Rahmen meiner Möglichkeiten mit anderen Menschen solidarisch zu sein. Alles andere wäre Verrat an meiner eigenen DNA. Solidarisch handeln im Sinne von selbstloser Liebe heißt, dass ich den anderen höher achte als mich selbst, seine Meinung respektiere, mich für das Recht engagiere, und dass ich bereit bin, auf eigene Rechte und Vorteile zu verzichten. Verzichtbereitschaft ist ein Synonym für Solidarität.

Dieses Wort „Verzichtbereitschaft" begleitet mich schon seit einigen Monaten. Als „das Wort des Jahres" für mich persönlich hatte ich das Wort „genug" ausgesucht und mich folglich bei allem, was ich mir wünschte oder was ich haben wollte, gefragt: Brauche ich das? Aber diese Frage hat mir persönlich nicht langfristig weitergeholfen, und auch nicht „genug" verändert. Auf die Frage „Brauche ich das?" konnte ich locker und mit Überzeugtheit verblüffend oft sagen: „Ja, klar kann ich das gebrauchen", und ich konnte das auch begründen. Also habe ich diese Frage umformuliert: „Ist das zwingend notwendig? Ist es absolut erforderlich, unverzichtbar, unentbehrlich?" Das brachte die Wende.

Am letzten Tag des 14-wöchigen Alpha-Kurses (Glaubenskurs), den ich zuletzt geleitet hatte, kam mein Mann tagsüber aus dem Garten und meinte: „Wir haben noch einen großen Blumenkübel im Gartenhaus gefunden, den du noch bepflanzen und auf die Terrasse stellen könntest." Also schaute ich in den Werbeblättchen nach und fand eine hübsche Staude – den Sommerhut in Pink. Beim Betrachten dieser passenden Pflanze, fragte ich mich: „Ist ein weiterer Blumenkübel auf der Terrasse zwingend notwendig? Absolut erforderlich? Unentbehrlich?" Nein, das war er nicht. Also kaufte ich diese Pflanze dafür auch nicht. Kurz danach stand ich im Supermarkt und wollte mir eine Schachtel Mini-Pralinen von Lindt kaufen, die ich so gerne zum Nachmittagskaffee esse. Auch hier, beim Betrachten der Schachtel, fragte ich mich: „Ist diese Schokolade zwingend notwendig? Unverzichtbar? Absolut erforderlich!" Nein, war sie nicht, also kaufte ich sie nicht. Abends, als wir uns beim Alphakurs alle verabschiedeten, bekam ich ein Dankeschön-Geschenk. Raten Sie mal, was das war? Nicht irgendeine Pflanze, sondern der Sommerhut in Pink. Nicht irgendeine Schokolade, sondern die Minis von Lindt.

Gott sieht und hört alles. Ihm entgeht nichts. Er freut sich riesig über unsere Verzichtbereitschaft, damit andere auch die Chance haben, das zu bekommen, was ihnen rechtmäßig zusteht. Er selbst lässt sich nichts schenken, sondern beschenkt uns, wenn wir seinen Willen tun. Ich kam aus dem Staunen über Gott gar nicht mehr heraus und fuhr mit Glückstränen in den Augen nach Hause.

Alles, was wir sind, haben und können, ist uns von Gott geschenkt worden, um ihn damit zu dienen. Wenn wir in den kleinen Dingen treu sind, dann sorgt Gott dafür, dass uns nie die Mittel dafür fehlen werden, um ihn noch mehr zu dienen. Er verspricht:

„Du bleibst nicht unbelohnt,
wenn du etwas aufgibst,
um die Gute Nachricht verkündigen zu können.
Wenn du dafür etwas zurücklässt,
wirst du schon in dieser Welt
ein Vielfaches davon wiederbekommen
und das ewige Leben."

Lukas 18,29-30

Geben ist seliger als Nehmen. So lebt sich's gut.

Schritt für Schritt zum Vorbild des Glaubens

Nachahmen ist erlaubt

Als ich noch in Kanada lebte, hatten ich und meine gläubigen Freundinnen ein und dasselbe Glaubensvorbild. Wir wollten alle sein wie Marleen. Marleen strebte unermüdlich nach Integrität, Moral, Ethik und Bildung. Sie war eine gute Ehefrau und Mutter. Sie nahm Gott ernst und ließ sich von ihm gebrauchen. Egal was sie tat, sie gab ihr Bestes. Und außerdem war sie humorvoll, gepflegt und fit. Irgendwann haben meine Freundinnen und ich erkannt, dass es gut war, dass Gott sie aus unserem Dunstkreis entfernt und zur Regional-Leiterin eines christlichen Frauenvereins berufen hatte. Wir standen tatsächlich in der Gefahr, mehr auf sie zu schauen als auf Jesus.

Wer die Bibel kennt, weiß, dass Menschen, die an Gott glauben, Jesus nachahmen sollen. Und sie wissen auch, dass das wichtig ist, weil Jesus uns Gottes Wesen offenbart hat. Aber wir brauchen darüber hinaus auch gute Vorbilder des Glaubens, Menschen von nebenan, die wir nachahmen können, denn ohne Nachahmen gibt es keine menschliche Reife. Wir brauchen ganz normale Menschen im Leben, an denen wir beobachten, und durch deren Vorbild wir miterleben können, wie Weisheit, Werte und Überzeugungen ihr Leben bestimmen. Das können vorbildliche Eltern, Großeltern, Lehrer, Erziehungsberechtigte, Vorgesetzte und Freunde sein. Bei Vorbildern ist es unwichtig, ob es sich dabei um eine große Berühmtheit oder ein unscheinbares Familienmitglied handelt, wenn es nur ein Mensch ist, der im gegebenen Augenblick, ohne Wimpernzucken das Richtige sagt oder tut, wo wir zögern.

Albert Schweitzer hat einmal gesagt: *„Glaube wird vermittelt erstens durch Vorbilder, zweitens durch Vorbilder und drittens durch Vorbilder!"* Und Vorbilder des Glaubens gibt es. Auch in der Bibel! In Hebräer 11 finden wir sogar eine Hitliste von großen Glaubensvorbildern, wie zum Beispiel Noah, Abraham, Mose, David oder Rahab. Wenn man deren Geschichten in der Bibel liest, ist man verblüfft! Man merkt, dass es bei allen um ganz normale Menschen geht. Menschen wie Sie und ich. Menschen mit Schattenseiten. Menschen mit Macken in ihrer Biografie. Menschen, die zum Teil Dreck am Stecken hatten. Ich denke dabei an Noah mit seinem Alkoholrausch, David und seine Affäre mit Batseba, Abraham, der aus Angst log, oder Rahab, die eine Prostituierte war und zudem auch noch richtig gut täuschen konnte. All diese Menschen waren nicht perfekt, sondern unfertig!

Perfekte Menschen hat es noch nie gegeben und wird es auch nie geben. Wenn Gott nur perfekte

Menschen gebrauchen könnte – hätte er keine! Dennoch wollte ich wissen, warum ausgerechnet diese Menschen es auf die Hitliste der Glaubensvorbilder in der Bibel geschafft haben. Ich wollte wissen: Wie muss ein gottesfürchtiger Mensch beschaffen sein? Wie sieht die Natur des Glaubens der Menschen aus, die in Hebräer 11 als Glaubenshelden gelten?

Ich bin fündig geworden. Laut Bibel sind es Menschen, die nicht nur an die Existenz Gottes glaubten, sondern sie glaubten alles, was Gott ist, sagt und tut – und sie bauten ihr Leben auf diese Wahrheiten auf. Sie rechneten mit Gottes Handeln und damit, dass er sie zum Ziel bringt, auch wenn sie nicht alles sofort verstanden, und auch dann, wenn sie ganz allein im Glauben standen. Sie waren bereit, mutige Schritte des Glaubens zu gehen, auch wenn alles unlogisch schien. Noah zum Beispiel, baute im Auftrag Gottes eine Arche für eine bevorstehende Flut, obwohl es noch lange keinen Regen gab. Abraham zog in ein fremdes Land, ohne zu wissen, was Gott mit ihm vorhatte, nur weil Gott es so wollte. Rahab versteckte Feinde ihres Volkes in ihrem eigenen Haus, weil sie glaubte, dass Gott seinem Volk ihre Stadt schenken würde, und sie war bereit, ihm dabei zu helfen.

Glaubensvorbilder tun ihren Teil und rechnen mit Gottes Handeln. Auch mitten in Kriegszeiten. Das gab es damals wie heute. Eine Frau namens Elena aus Mariupol (Ukraine) schrieb mitten im Kriegsgeschehen: *„Mein 18-jähriger Sohn und ich gingen jeden Morgen Hände haltend um unser Haus herum, in dem wir und 500 andere Menschen wohnten und beteten, dass Jesus nicht nur uns, sondern alle anderen im Haus bewahren möge. Einem 20-jährigen Mädchen hatte ich von Jesus erzählt und ihr meine Bibel geschenkt. Sie ist gläubig geworden!"*

Glaubensvorbilder tun ihren Teil, damit Hindernisse weichen, Menschen geholfen wird und sie gerettet werden. Wenn wir uns nach Gott richten, gebraucht er uns. Dadurch schaffen wir Dinge, die wir und andere sonst nicht schaffen würden. Die Geschichten der Glaubenshelden in der Bibel bestätigen, dass es der Glaube ist, der Gott gefällt. Er nimmt unseren Glauben an, wo immer er ihn findet, und will uns gebrauchen in guten und schlechten Zeiten. So lebt sich's gut.

Schritt für Schritt zur Balance im Leben

Feste und Feiern sind eine Erfindung unseres Schöpfer-Gottes

Es gibt Menschen, die sind wahre Genießer. Mein Vater war so einer. Wenn er ein Stückchen Torte im Mund hatte, das ihm außergewöhnlich gut schmeckte, schloss er die Augen und ließ den Kopf gemächlich sinken, als würde er für einen Augenblick in eine andere Welt abtauchen. Nach kurzem Schweigen erhob er wieder seinen Kopf, schaute in die Runde und verkündigte feierlich sein Erlebnis mit den Worten: „Das ist ein Gedicht!" Und wenn dann noch die „Stereomusik" im Hintergrund lief (das war die Kaffeemaschine), war die Welt in Ordnung. Mein Vater überließ diesen Genuss des Essens zusammen mit Familie und Freunden keineswegs dem Zufall. Wenn die harte Arbeitswoche am Freitag zu Ende ging, war klar, das Haus würde samstags oder sonntags – oder an beiden Tagen – mit Gästen gefüllt, oder es würden Einladungen angenommen. Am Wochenende war Partytime – Zeit für Gemeinschaft rund um Tisch! So schafften meine Eltern eine Balance zwischen Familie, Gemeinde und Beruf. Und das haben alle drei Töchter übernommen.

Allerdings senkt sich mein Kopf nicht zum genussvollen Genießen bei einem Stückchen Torte, sondern bei einem Hähnchenbrustfilet, das mit Ziegenkäse von der Rolle, einigen Stängeln Basilikum, etwas Zitronensaft und Zitronenpfeffer gefüllt, dann mit Bacon umwickelt, in der Pfanne kurz und knackig angebraten und in einer Auflaufform im Ofen fertiggebacken wird. Das Prachtstück wird zuletzt auf einem Linsen-Rote Bete-Rucola Salat in Öl-Essig-Honig-Senf-Soße serviert! Das ist eine Geschmacksexplosion, oder wie mein Papa zu sagen pflegte: Ein Gedicht!

Wenn ich Gäste einlade und bekoche – oder umgekehrt – sind alle zugleich eingeladen, das starre Schema der Vorhersagbarkeit zu durchbrechen und der Monotonie unseres Alltags zu entfliehen. Solche Zeiten der Gemeinschaft schenken uns Raum und Zeit, um gewisse Momente im Leben zu genießen – ganz ohne Schuldgefühle, und auch dann, wenn nicht alles im Leben so ist, wie es sein sollte. Weil unser Leben oft so ernst ist, voller Handlungsdruck, Entscheidungen, die zu treffen sind und Sorgen, die auf uns einstürmen, brauchen wir regelmäßig kleine Unterbrechungen, die von einer Atmosphäre geprägt sind, die uns guttut und in der wir gute Erfahrungen erleben.

Kein Wunder, dass zur Zeit Jesu manche Feste und Feiern tagelang anhielten. Fröhlichkeit, eine offene und herzliche Gemeinschaft, festliches Essen, eine Vielfalt von Getränken und Musik, all das sind Anreize, die das Erleben von Freude und Entspannung unterstützen. Auch die Ausstattung der Räumlichkeiten, das Spiel mit dem Licht bei ihrer Beleuchtung und die Dekoration tragen zu einer entspannten Atmosphäre bei, die uns für den Alltag beflügelt. Solche Erfahrungen brauchen wir alle immer wieder.

Leider schaffen es manche Menschen dennoch nicht, sich die Teilnahme an Gemeinschaftsangeboten und Feiern zu gewähren, weil sie ihren Wert unterschätzen. Oder sie können das Feiern nicht wirklich genießen, weil sie meinen, sie müssten stets produktiv sein. Solche Menschen kennen keine Balance in ihrem Leben. Und das macht unglücklich und nimmt ihnen die Freude am Leben und an Menschen. Dabei sind Freude und Fröhlichkeit im Leben etwas so Wunderbares. Sich zusammen mit Menschen zu freuen, deren Herzen lachen, in deren Augen Freudenlichter tanzen, deren Gesichter eine positive Ausstrahlung haben und deren Freude ansteckend ist, hat eine unbeschreibliche Kraft und kann viel Gutes bewirken: Begeisterung fürs Leben, Entschlossenheit, den Alltag neu anzupacken und durchzuhalten, und das Verlangen, eine Ermutigung für andere zu sein.

Gemeinschaft zu pflegen, teilzunehmen an Festen und Feiern ist also einerseits eine unverzichtbare Ergänzung und Kraftquelle für unser Leben. Dennoch ist beides nicht die Erfüllung unseres Lebens. Feste sind andererseits auch ein sinnstiftendes Geschenk Gottes an uns. Sie vermitteln uns Werte und vergewissern uns unseres Lebenssinns und -zwecks.

Das Feiern gewinnt eine neue Dimension, wenn der Mensch erkennt, dass hinter allem Können, hinter allen Fähigkeiten, Gegebenheiten, Umständen und Erfolgen, ein Gott steht, der es uns gönnt, dies zu erleben und der den Menschen dazu befähigt und begabt hat. So ist jede Feier unseres Lebens auch eine Feier, bei der Gott Teilhaber ist. Für manche ein unbekannter oder stiller Teilhaber, aber für Menschen, die ihn persönlich kennen, der wahre Grund des Feierns, denn er schenkt Leben, ein Leben in Fülle. Er ist der Geber aller guten Gaben (Jakobus 1,17).

Damit der Mensch Gottes Wirklichkeit, seine Gegenwart, seine Liebe und sein Handeln nicht aus den Augen verliert, hat Gott ganz bewusst Feste eingesetzt. So ist für das Volk Israel der Sabbat eine Erinnerung an Gottes Schöpferkraft und die Pause, die wir Menschen uns nehmen sollen und auch müssen, um das Geschenk des Lebens zu würdigen und wertzuschätzen. Israel feierte auch das Laubhüttenfest, um nicht zu vergessen, dass Gott ihr Befreier und Retter ist, der sie aus der Sklaverei in Ägypten in das verheißene Land geführt hat. Darüber hinaus gibt es auch ausgiebige Feste rund um die Ernte, um Gott für seine Versorgung zu danken und diese auch bewusst zu genie ßen. Gottesdienste, Taufen, Weihnachten, Ostern, Pfingsten und das Abendmahl sind Feste, bei denen Christen sich immer wieder daran erinnern, dass Gottes Liebe und sein Heil allen Menschen gelten, und dass diese ihr Leben und ihre Zukunft verändert haben.

Gott ist derjenige, dem die Ehre gebührt. Er ist derjenige, der gefeiert werden muss, ganz gleich, ob wir seine Führung, seinen Schutz, seine Hilfe oder seinen Segen erfahren haben. Gemeinschaft pflegen und Feste feiern helfen uns, Gottes Liebe und Fürsorge vor Augen zu behalten und ihn zu ehren. Das verändert unser Leben. Wer sich immer wieder daran erinnert, wer seinem Leben Struktur, Halt, Werte, Orientierung, bleibende Freude und Balance schenkt, wird glücklicher und ausgeglichener sein. Wer in erster Linie seinen Schöpfer und Erlöser feiert, und nicht nur sich selbst, wird auch von Gott höchstpersönlich zum größten und feierlichsten Fest aller Zeiten eingeladen (Offenbarung 7,9-11). Also lassen wir uns das Feiern hier und jetzt auf Erden nicht nehmen, nach dem Motto: Feiern wir die Feste, wie sie fallen. So hat Gott es gewollt. So lebt sich's gut.

Schritt für Schritt zur Gelassenheit

Momentaufnahmen, die wachrütteln

Es kam, wie es kommen musste. Ich bekam eines Morgens eine Nachricht, die mich unerwartet tief traf, die aber auch eine erfreuliche Wende in meinem Alltag brachte. Menschlich gesehen war es eine niederschmetternde Nachricht. Anderseits eine, die ich im Nachhinein als sehr befreiend erlebte. Sie lautete: „Du bist gefeuert!" Ja, Sie haben richtig gelesen, ich bin gefeuert worden! Das sind Worte, welche die meisten von uns nie zu hören bekommen wollen. Es sind Worte, vor denen wir uns fürchten. Worte, die unser Leben auf dem Kopf stellen können. Worte, die durchaus Nachteile mit sich bringen, manchmal aber auch gewinnbringende Vorteile. Sie können zum Beispiel der Anfang von etwas Neuem und Gutem sein. Sie können uns sogar zu unserem langersehnten Glück zwingen.

Nun bekam ich selbst diese von vielen gefürchteten Worte zu hören! Nicht, um mir das Leben schwer zu machen, sondern um mir den Alltag zu erleichtern. Mir wurde auf eine behutsame und wohlwollende Art und Weise vermittelt, dass ich mir unnötige Sorgen um Dinge mache, die mir gar nicht anvertraut worden sind und die ich gar nicht ändern kann und soll. Trotzdem befasste ich mich jeden Morgen damit. Ich wurde darauf aufmerksam gemacht, dass ich immer wieder versuchte, mich in Entwicklungen und Geschehnisse einzumischen, in die ich keinen ausreichenden Einblick habe. Außerdem wurde mir klargemacht, dass ich meine Kompetenz, Dinge zu lösen und in den Griff zu kriegen oder in Ordnung zu bringen, weit überschätze! Als letztes wurde mir ernsthaft erklärt, ich hätte zu wenig Vertrauen zu meinem Chef. Und das, obwohl er es schon immer, ohne Ausnahme bewiesen hatte, dass er alle und alles hervorragend geführt und auf exzellente Weise ans Ziel gebracht hat, und ich davon ausgehen konnte, dass er dies auch in Zukunft tun würde. Mir wurde nahegelegt, zu beherzigen, dass mein Grübeln, Nachsinnen und Hinterfragen nichts ändern könnte und ändern würde. Durch mehrere vertrauensvollen Gespräche wurde mir schlussendlich vorgeschlagen, mich nicht länger unnötig abzuquälen, nicht um jeden Preis selbst alles tun zu wollen, damit Dinge, Umstände und Menschen in meinen Augen gut und richtig werden. Damit hätte ich eigenständig meine Arbeitsplatzbeschreibung erweitert!

Endlich hatte ich es kapiert! Meine Person ist nicht immer gefragt. Mein Mitdenken wird nicht überall gebraucht. Ich soll mich entspannen, zurückziehen und die Sachen, die mich so aufwühlen, ruhen lassen. Ich soll sie loslassen, einem anderen überlassen, der allein kompetent ist.

Ehrlich gesagt, kann ich gar nicht zählen, wie oft ich schon so liebevoll gewarnt worden bin, mir keine Sorgen zu machen und stattdessen all das Gute dankbar wahrzunehmen, das schon gewesen und sich am Entwickeln ist, ehe ich die alles entscheidenden Worte hörte: Du bist gefeuert! Sie saßen, denn sie kamen von Gott höchstpersönlich – dem Chef meines Lebens. Hier mal sein Gespräch mit mir im O-Ton aus Philipper 4,4:

„Macht euch keine Sorgen, sondern wendet euch in jeder Lage an Gott und bringt eure Bitten vor ihn. Tut es mit Dank für das, was er euch schon geschenkt hat. Dann wird der Frieden Gottes, der alles menschliche Begreifen weit übersteigt, euer Denken und Wollen im Guten bewahren, geborgen in der Gemeinschaft mit Jesus Christus!"

Endlich hatte ich verstanden, warum ich entlassen worden war, und habe zur Erinnerung in mein Tagebuch geschrieben: Ich darf mich entspannen und zur Ruhe kommen! Ich bin nicht entlassen worden, sondern entlastet. Ich bin jetzt frei und habe endlich frei. Ich habe endlich wieder Zeit mich zu freuen und meinen Alltag zu feiern. Ich habe wieder Zeit, über das nachzusinnen, was rechtschaffen, ehrbar, gerecht, rein, liebenswert, ansprechend ist, über alles, was Tugend heißt und Lob verdient (Philipper 4, 8).

So mag es mein Chef im Himmel. Nun bemühe ich mich, meinen eigenen Gedanken und Gefühlen einen Halt zu geben, indem ich mir selbst immer wieder die Fragen stelle: Warum lasse ich mich durch bestimmte Aufgaben, Umstände oder Menschen beunruhigen und verwirren? Warum überlasse ich Gott nicht die Sorge um meine Angelegenheiten, damit sich alles beruhigt und ich meinen Alltag genießen kann? Diese unglaubliche Entspanntheit mitten im Alltag, die alles menschliche Begreifen weit übersteigt, ist nur möglich, wenn wir in der Gemeinschaft mit Jesus leben und ihm alles überlassen, während er uns voller Liebe und Wohlwollen zuflüstert:

„Du bist gefeuert!
Ich schaffe es ohne dich!
Genieße dein Leben jetzt und hier!"

So lebt sich's gut.

Schritt für Schritt zum Happy End

Gott bringt Ordnung ins Leben

Engel gibt es wirklich! Und zwar unfassbar viele. Sie alle sind seit ihrer Erschaffung damit beschäftigt Gott zu loben, Jesus zu verherrlichen und uns Menschen das Leben zu erleichtern. Sie sind recht vielseitig. Obwohl ihr Wohnsitz bei Gott im Himmel ist, setzt er sie auf der ganzen Erde ein, um uns Menschen zu stärken, zu erleuchten, zu ermutigen, zu führen, zu befreien, zu schützen, zu trösten, zu beruhigen, zu bestätigen oder uns die Augen zu öffnen für das, was wir sehen sollen. Und ja, sie können uns tatsächlich auch zeigen, wo unsere verlorenen Handys oder Portemonnaies zu finden sind.

Als mein Mann zuletzt sein Auto mit mehreren Kartons vollgeladen hatte, die er zur Arbeit mitnehmen wollte, legte er vorher sein Portemonnaie und Handy aufs Autodach, um beim Beladen des Autos seine Hände frei zu haben. Als er nach 15 Minuten Fahrt am Ziel ankam und aus seinem Auto ausstieg, fiel sein Handy vom Dach herunter. Es hatte sich auf der Fahrt in der Dachreling festgeklemmt. Damit war ihm auf der Stelle klar, dass sein Portemonnaie, das er zusammen mit seinem

Handy aufs Dach gelegt hatte, irgendwo auf der Strecke verloren gegangen war. Der Schock war groß. Sein Ärger auch, denn immerhin kostet es viel Geld und auch Zeit, sämtliche Ausweise und Karten ersetzen zu lassen. Also blieb mir nichts anderes übrig, als seiner Bitte nachzukommen und mich auf den Weg zu machen, um sein Portemonnaie entlang der Bundesstraße zu suchen, über die er zur Arbeit gefahren war. Leider ist der Grünstreifen zwischen Straße und Leitplanke sehr schmal, und hinter der Leitplanke gibt es nur unübersichtliches Gestrüpp an steilen Hängen.

Obwohl es mir unwahrscheinlich schien, hier ein Portemonnaie zu finden, marschierte ich, den Blick konzentriert auf den Boden gerichtet, immer weiter, während die LKWs einen großen Bogen um mich machten. Beim Unterwegssein betete ich mit einer charmanten Penetranz: „Gott, du hast doch so viele Engel, die uns Menschen das Leben erleichtern können. Ich brauche jetzt nur einen mit guten Augen, der mir zeigt, wo dieses Portemonnaie ist!"

Voller Erwartung ging ich weiter, aber es schien sinnlos. Gerade als ich aufgeben wollte, kam mir der Gedanke: Geh noch ein Stückchen weiter! Also ging ich zuversichtlich weiter und betete nochmals wild entschlossen: „Gott, du hast doch so viele Engel, bitte, ich brauche nur einen mit guten Augen!" Ich ging ein paar Schritte weiter – und da lag tatsächlich das aufgeklappte Portemonnaie, wie vom Himmel gefallen. Ich konnte mein Glück kaum fassen und habe vor Freude geweint. Gott hatte mir tatsächlich einen Engel geschickt und damit unsere Welt wieder in Ordnung gebracht. Als ich meinem Mann die gute Nachricht erzählte, wollte er gerade zum Telefon greifen, um alle Karten sperren zu lassen. Gott bringt rechtzeitig Ordnung in unsere Welt – und das öfter als wir denken – durch Engel. So lebt sich's gut.

„Die Engel sind doch alle nur Geister,
die Gott geschaffen hat zum Dienst an den Seinen.
Er schickt sie denen zu Hilfe,
die Anteil an der endgültigen Rettung
haben sollen."

Hebräer 1,14

Schritt für Schritt zur Gebetserhörung

Unerwartete Einladung an den gedeckten Tisch

Ich war sprachlos – und das als Sprecherin! Eine Gemeinde in Österreich hatte es mutig gewagt, einen offenen Abend für Paare in einem neu eröffneten Nobelrestaurant mitten im Domviertel ihrer Weltkulturstadt 2009 anzubieten, und zwar mit dem Einladungstitel: „Verlassen Sie sich auf Ihre Sinne!" Alle Karten für diesen kulinarischen Abend mit einem Vortrag zum Thema „Beziehungsweise" waren ausverkauft, bis auf vier Stück. Nach und nach füllte sich der elegante Saal im oberen Geschoss mit Blick auf dem beleuchteten Dom durch die großen Glaswände. Romantischer hätte es nicht sein können. Es war eine perfekte Kulisse für einen missionarischen Abend für Paare. Alles lief nach Plan – nach Gottes Plan!

An diesem Abend haben wir Gottes Liebe zu uns Menschen neu erlebt. Aber nicht, weil das 3-Gänge-Menü erste Sahne war. Auch nicht, weil die Musiker es schafften, unsere Herzen zu berühren. Auch nicht, weil wir vom Team mit unserem Programm so kreativ waren, sondern weil Gott uns wieder gezeigt hatte, wie sehr er unsere missionarischen Angebote schätzt und gebraucht, um Menschen zu begegnen, die seine Hilfe und seinen Frieden brauchen.

Nachdem alle Gäste ihre Plätze eingenommen hatten und der Smalltalk voll im Gange war, kamen immer wieder Leute die Treppe zum Saal im 2. Geschoss hoch. Und jedes Mal sprang der Moderator auf und begrüßte diese Menschen äußerst herzlich – im Bewusstsein, es könnten unangemeldete Gäste sein. Aber dem war nicht so. Es waren meist Leute, die im überfüllten Restaurant im Erdgeschoss keinen Tisch mehr bekommen hatten und diesen nun bei uns suchten. Diesen „Irrweg" hatte der Moderator charmant genutzt, um jeden herzlich zu unserem Abend einzuladen, da es noch vier freie Plätze gab. Aber niemand nahm sein Angebot an – im Gegenteil, mit einem verwirrten Blick machten sich alle schnellstens wieder auf den Weg zum Erdgeschoss. Bis auf das letzte Paar. Sie ließen sich tatsächlich „überreden". Ich beobachtete, wie sie beim Gespräch mit dem überzeugten Moderator ihre Mäntel auszogen und sich langsam aber sicher auf den Weg zu den freien Plätzen neben uns machten. Ganz schön mutig, dachte ich. Hoffentlich fühlen sich diese Gäste bei uns am Tisch wohl – auch beim Vortrag – denn dieser würde heute evangelistisch sein!

Während des Essens kamen wir schnell in ein offenes und herzliches Gespräch mit den Gästen. Die Frau war geschieden, der Mann verwitwet und beide seit einigen Monaten befreundet. Plötzlich, als würde die Frau es nicht mehr aushalten können, etwas für sich zu behalten, erzählte sie mir: „Wissen Sie was, Frau Schulte? Es ist ein Wunder passiert! Ich bin gläubig und habe heute Morgen gebetet: Gott, ich kann meinen Freund einfach nicht mit Erzählungen von dir und deinem Wort erreichen. Als viel beschäftigter Unternehmer hat er kaum Zeit für mich. Du musst etwas tun. Du musst eingreifen! Nach meinem Gebet zog ich einen Bibelvers aus meinem Ziehkästchen und las Psalm 23,5: ,Du lädst mich ein und deckst mir den Tisch. Du begrüßt mich wie ein Hausherr seinen Gast und gibst mir mehr als genug!' Ich hätte nicht mal im Traum gedacht, dass wir heute Abend tatsächlich an einem gedeckten Tisch sitzen würden, sondern ich war einfach überzeugt, dass Gott sich um meinen Freund kümmern wird! Eigentlich hatten wir vor, heute Abend ins Theater zu gehen – aber weil wir zu spät kamen, wurde uns der Eintritt verwehrt. Dann wollten wir in diesem Restaurant etwas trinken, aber alle Plätze im ersten Geschoss waren besetzt. Folglich suchten wir im oberen Geschoss nach freien Plätzen und landeten unverhofft bei einem missionarischen Abend mit Essen, obwohl wir schon gegessen hatten!"

Und nach dem Vortrag meinte sie dankbar: „Sie haben im Vortrag alles gesagt, was ich meinem Freund schon immer über Gott erzählen wollte. Jetzt hat er alles gehört!" Nachdem wir uns noch bis nach Mitternacht unterhalten hatten, kaufte ihr Freund sämtliche christlichen Bücher und Vortrags-CDs. Seine letzten Worte an diesem Abend waren: „Ich bin mir sicher, dass Gott mich und meine Freundin zu diesem Abend geführt hat – wenn auch über Umwege." Gott ist ein genialer Hausherr und Gastgeber, wie es in Psalm 23 steht. Darauf können wir uns verlassen, wenn wir mit ihm zusammen einen Tisch decken für unsere Gäste – ob das bei uns zuhause oder sonst wo ist. So lebt sich's gut.

Schritt für Schritt Grenzen akzeptieren

Keiner geht leer aus

Wenn der Alltag und die verschiedenen Rollen, die man darin spielt, zu Loyalitätskonflikten führen, dann ist guter Rat teuer. Vor allem, wenn man gern allem und jedem gerecht werden will und sich schnell mal schuldig fühlt, wenn das nicht funktioniert. Aber eins nach dem anderen!

Zu meinem Leben gehören drei unangenehme Dinge: Entschuldigungen, Absagen und Verzicht! Wie oft bin ich selbst traurig darüber, und andere sind enttäuscht, weil ich auf wichtige Termine verzichten oder wunderschöne Einladungen absagen muss. Typische Klagesätze, die immer wieder über meine Lippen kommen, sind zum Beispiel: Es tut mir so leid, dass ich nicht zu eurer Hochzeit, zum Flüchtlings-Kennenlern-Kaffeetrinken oder zum Dorffest kommen kann. Oder: Ich bedaure, dass ich mich nicht regelmäßiger und intensiver um die Enkel, oder um mir bekannte Kranke oder Einsame vor Ort kümmern kann. Der Grund für meine Absagen und Entschuldigungen ist immer derselbe: Weil ich irgendwo zu Vorträgen und Predigten unterwegs bin.

Ich mache mir nichts vor! Auch wenn ich grundsätzlich ein verbindlicher Mensch bin, so kann ich mich doch nicht allem und jedem gegenüber dieser wunderbaren, ehrbaren, noblen, liebenswerten und ansprechenden Tugend rühmen und folglich den Beifall von Menschen erwarten – lesen Sie mal Sprüche 3,3-4. So gerne ich mich mit Hingabe und Treue manchen Hilfeleistungen und Liebesdiensten vor Ort stellen würde, und so sehr es andere vielleicht auch von mir erhoffen, praktisch ist es nicht realisierbar. Wenn ich meiner Berufung als Evangelistin treu und konsequent nachgehen möchte, kann ich mich nicht gleichzeitig als „Kümmerin vor Ort" einsetzen.

Lange Zeit hat mich der Versuch, jedem gegenüber herzliche und wertschätzende Verbindlichkeit zu leben in mancher Hinsicht nicht nur herausgefordert, sondern regelrecht überfordert. Anstatt durch eine regelmäßige Präsenz vor Ort zu „glänzen", bescherte mir meine Abwesenheit eher ein schlechtes Gewissen und Frustration. Bis ich schließlich begriff: Keiner kann und muss alles tun, sondern viele können und sollen vieles tun!

Auf ähnlich befreiende Lösungen kamen schon andere Menschen, so auch die klugen, Geist erfüllten Christen der vorbildlichen Urgemeinde in Jerusalem. Damit niemand mit Arbeit überfordert und Bedürftige nicht übersehen wurden, traf deren Leitung einen entscheidenden Beschluss, der nachhaltige Veränderungen und ein erstaunliches Aufblühen bewirkte: *„Es geht nicht an, dass wir die Verkündigung der Botschaft Gottes vernachlässigen und uns um die Verteilung der Lebensmittel kümmern!"* Apostelgeschichte 6,2. Durch diese brillante Erkenntnis wurden alle Dienste neu aufgeteilt. Geeignete Menschen wurden für den Dienst am Nächsten genauso eingesetzt, wie andere für den Dienst am Wort Gottes. Somit konnte jeder seine Aufgabe mit ganzer Kraft, Hingabe und Loyalität tun.

Durch die neu gewonnenen Erkenntnisse und deren Umsetzung wuchs Gottes Reich nicht nur vor Ort, sondern weit darüber hinaus. Nicht nur das, auch Stress und Ärger, Überforderungen und Unzufriedenheit, Murren, üble Nachrede und falsche Erwartungen wurden abgebaut. Alle verstanden, worauf es für Christen ankommt: Dass die Liebe Gottes sichtbar wird im konkreten Tun, ungeachtet dessen, ob es um die körperlichen oder um die seelischen Bedürfnisse der Menschen geht, also sowohl bei der Verkündigung wie auch beim praktischen Dienst am Nächsten. Keiner ging leer aus. Alle waren glücklich. Ich auch. Mein Klagelied über Loyalitätskonflikte ist verstummt. So lebt sich's gut.

Schritt für Schritt zur Charakterfestigkeit

Leuchtkraft ohne Worte

Was für mich als Christ nicht ungewöhnlich ist: Ich möchte den Willen Gottes am liebsten auf eine Arbeitsplatzbeschreibung reduzieren. Ich möchte wissen: Was hat Gott mit mir und meinem Mann vor? Möchte Gott uns noch große Dinge zeigen, von denen wir jetzt noch nichts ahnen (Jeremia 33,3)? Was hat Gott mit unserer missionarischen Arbeit in der Gemeinde, im Bildungs- und Evangelisationswerk NEUES LEBEN oder bei Bibel-TV vor? Ich bin überzeugt, meine Fragen sind vollkommen in Ordnung und bei Gott willkommen. Aber je länger ich mit Gott lebe, desto mehr stelle ich fest, dass die Bibel weniger über das *was*, sondern viel mehr darüber spricht, *wie* Gott mich haben will. *Wie* ich sein soll. *Wie* ich leben soll – ob zu Hause oder im öffentlichen Verkündigungsdienst.

Ich lerne, dass Gott viel mehr an meinem Charakter interessiert ist als an meinen Leistungen. Meine Frage „Was soll ich tun?" ist immer noch sehr wichtig und aktuell, aber aus einem ganz anderen Grund. Und zwar weil mein ganzes Leben, meine unterschiedlichen Aufgaben und Dienste, meine diversen Aktivitäten und Beziehungen äußerst geniale Möglichkeiten und eine Plattform sind, um den Charakter Jesu darzustellen. Und diesen Charakter Jesu zu hegen und zu pflegen ist meine „wahre Aufgabe" und wahre Herausforderung im Alltag, so wie sie in Römer 12,2 beschrieben wird:

„Lasst euch vielmehr von Gott umwandeln,
damit euer ganzes Denken erneuert wird.
Dann könnt ihr euch ein sicheres Urteil bilden,
welches Verhalten dem Willen Gottes entspricht
und wisst in jedem einzelnen Fall,
was gut und gottgefällig und
vollkommen ist!"

Daher ist es für mich nicht mehr so wichtig was ich tue, sondern wer ich bin inmitten von alldem, was ich tue! Ich weiß, Gott ist entschlossen, mich kontinuierlich so zu verändern, dass ich Jesus immer ähnlicher werde. Und so wie ich mich verändern lasse und Jesus hoffentlich immer ähnlicher werde, werden auch Christus-ähnliche Taten die Folge sein, und Gott wird mich kontinuierlich in meiner persönlichen Entwicklung dort hinbringen, wozu er mich begabt und befähigt hat.

Der schottische Evangelist Henry Drummond schrieb im 18. Jahrhundert von einem Lichtstrahl, der sich, wenn er durch ein Prisma hindurch scheint, in viele wunderschöne bunte Farben bricht. Drummond meint: Genauso betrachtet Paulus in 1. Korinther 13 die Liebe durch das wunderbare Prisma seines Intellekts und entdeckt ihre atemberaubenden Facetten – einen Regenbogen aus vielen Tugenden, wie z. B. Geduld, Güte, Bescheidenheit, Wohlwollen, Besonnenheit, Selbstlosigkeit, Zuversicht und Vertrauen. Dies alles sind Tugenden, die Jesus Christus darstellen – also den, der die Liebe Gottes auslebte und seine Welt veränderte. Und so, wie Jesus lebte, sollen auch wir leben. 1. Johannes 4,16 zeigt uns die Kaskade der Liebe ganz einfach und verständlich: *„Gott ist Liebe. Weil er uns geliebt hat, lieben wir!"* Das heißt: Wenn ich Seite an Seite mit dem lebe, der mich liebt, dann werde ich auch lieben. Lieben in Form von Wohlwollen, Interesse, Anteilnahme, Vergebung, oder durch eine Umarmung, ein Lächeln. Eine Liebe jenseits von Worten.

Egal wo wir leben und dienen – es ist nicht so wichtig, was wir tun, sondern was Gott durch uns tun will! Es ist nicht so wichtig, was wir sagen, sondern unser Zeugnis der Liebe zählt. Das zeigt, wer wir wirklich sind – nach dem Motto: Gib Gottes Liebesbotschaft immer weiter, zu jeder Zeit, und wenn's sein muss, benutze Worte! So lebt sich's gut!

Schritt für Schritt zur Glaubwürdigkeit

Kopf in den Sand stecken gibt's nicht!

Als unser ältester Sohn mit 16 Jahren von zu Hause auszog, um eine Höhere Berufsfachschule in Bonn besuchen zu können, fragte ich mich, was sich viele Eltern fragen, wenn ihre Kinder so plötzlich und so jung von zu Hause ausziehen: Habe ich meinem Kind alles beigebracht, was es unbedingt wissen sollte? Habe ich ihm alle christlichen Werte beigebracht?

Das ist doch enorm wichtig, denn Werte sind gut und gesund für uns. Und Klarheit zu haben über unsere Werte, ist auch absolut entscheidend für ein gelingendes und erfüllendes Leben. Auch Klarheit haben über unsere tragenden gemeinsamen Grundwerte, die für ein gutes Zusammenleben entscheidend sind, ist wichtig. Wenn wir jedoch heutzutage eine Zeitung aufschlagen oder Nachrichten in den sozialen Medien folgen, dann stellen wir schnell fest, dass unsere Gesellschaft nicht nur wirtschaftlich fragil, politisch instabil und moralisch dekadent ist, sondern auch noch gespalten. Wir sind gespalten, was die grundlegenden Werte unseres Zusammenlebens betrifft, und das hat folglich einen Werteverfall in die Wege geleitet. Dieses Wegbrechen auch von christlichen Grundwerten ist die Wurzel vieler Probleme, die uns in unserem Leben umtreiben, ob wir uns im Studium befinden, ob wir Kinder erziehen, ein Geschäft leiten, oder uns in der Wirtschaft und Politik einbringen.

Das führt zu der Frage: Was können wir tun? Was kann ich tun? Was ist meine Reaktion darauf? Wir haben drei Möglichkeiten: Erstens, wir können so tun, als gäbe es keine Probleme, keinen Werteverfall. Wir können unsere Augen, Ohren und unseren Mund schließen und uns einfach vormachen, alles wäre Friede, Freude, Eierkuchen.

Zweitens, wir können resigniert und seufzend sagen: Alles wird immer nur schlimmer! Man kann eh als einzelner Menschen nichts tun, und folglich in Selbstmitleid und Hoffnungslosigkeit versinken. Solche Menschen verschließen nicht ihre Augen und Ohren, im Gegenteil, sie nehmen alles wahr und legen ihre Hände gerade deswegen in den Schoß. Ihr Glaube an das Gute und ihre Daseinsfreude reichen nicht, um zu begreifen, wie viel mehr Gott an uns tun kann, als wir uns jemals von ihm erbitten oder nur ausdenken können. In vielen christlichen Kreisen ist Jammern sehr beliebt, aber Jammern bietet und liefert wenig.

Tatsache ist und bleibt, dass jede Zeit ihre Herausforderungen hat. Unsere Aufgabe als Christen ist es nicht, über die Zeit, in der wir leben, zu jammern, sondern ihre Probleme zu erkennen, zu verstehen und dann angemessen auf sie zu reagieren. Anstatt zu jammern, sollten wir uns bewusst für das Gute einsetzen – nämlich für die christlichen Werte. Das ist die dritte Möglichkeit, der lebensbejahende, hoffnungsfrohe und zukunftsgläubige Einsatz, der dringend gebraucht wird in jeder Zeitepoche. Ein Einsatz mit Hoffnung auf Gott, der als ewiger Fixpunkt alles in seiner Hand hält. Für diesen Einsatz, sprich für das Ausleben von christlichen Werten, gibt uns der Apostel Paulus eine Zusammenfassung in 1. Korinther 13,13, die kurz und gut ist – wie die Zehn Gebote – nämlich den genialen Dreiklang: Glaube, Liebe und Hoffnung. Er schreibt: *„Auch wenn alles einmal aufhört, Glaube, Hoffnung und Liebe nicht. Diese drei werden immer bleiben!"*

Also habe ich mich schlau gemacht, wie ich „Glauben" besser in meinem Leben ausleben kann und habe festgestellt, dass ein glaubender Mensch seinen Glauben unter anderem durch Glaubwürdigkeit ausleben kann. Glaubwürdig sein heißt, treu, verlässlich, transparent, ehrlich und aufrichtig sein. Genau diese Eigenschaften erwarten wir von anderen Menschen, von Christen und auch von Politikern. Genau diese Eigenschaften erwartet aber auch Gott von uns. In 1. Chronik 29,17 heißt es, dass *„Gott uns Menschen ins Herz sieht und dass er sich freut, wenn wir aufrichtig sind!"*

Christliche Werte in diesem Sinne zu vertreten, bedeutet, dass ich als Person überzeuge. Die größte Überzeugungskraft liegt in meiner Eigenüberzeugung. Wenn ich das vertrete – nur das vertrete – wovon ich völlig überzeugt bin, dann habe ich eine Überzeugungskraft. Dann bin ich das Licht und Salz dieser Welt. In Jeremia steht ein ermutigender „Wenn-dann-Satz":

„Wenn ihr ehrlich und rechtschaffen seid
und zu eurem Wort steht, dann werden
auch andere Menschen von Gott
Glück und Segen erwarten und
werden stolz sein, Gott zu kennen!"

Jeremia 4,2

Was für eine Verheißung Gottes! Glaubwürdigkeit ist also eines von vielen starken Zeugnissen für Gott in dieser Welt. Kurzfristig mag Glaubwürdigkeit auch Nachteile mit sich bringen, langfristig gesehen wird jedoch durch Glaubwürdigkeit Vertrauen aufgebaut – ein Vertrauen, das in heiklen Situationen wichtig ist.

Nachdem ich beim nahegelegenen China Restaurant mehrere Gutscheine als Dankeschön für insgesamt 130,- Euro gekauft und per Karte bezahlt hatte, ist mir beim Nachprüfen meiner Umsätze auf meinem Bankkonto überraschenderweise aufgefallen, dass mir nicht 130,- Euro, sondern nur 1,30 Euro abgebucht worden sind. Was tun? Was war meine Reaktion auf diese Situation im Blick auf meine Werte wie Glaubwürdigkeit? Ich habe mich sofort ins Auto gesetzt und dies beim Restaurantbesitzer richtiggestellt. Meine Aufrichtigkeit brachte mir menschlich gesehen Nachteile. Mir wurde der fehlende Betrag von meinem Konto abgebucht, aber als Dankeschön für meine Ehrlichkeit bekam ich eine kostenlose Mahlzeit.

Manchmal erleben Menschen wie dieser Restaurantbesitzer mehrmals in ihrem Leben, dass es ausgerechnet Christen sind, die ehrlich handeln und verbinden dies mit deren christlichem Glauben, ja mit dem Gott der Bibel. Das ist ein starkes Zeugnis für Gott. Und genau darum geht es. So lebt sich's gut.

Schritt für Schritt zur Verantwortung

Zum Pflegedienst berufen

Bei einem Spaziergang in der Nachbarschaft entdeckte ich einen großgewachsenen und gesunden Pflaumenbaum, schwer behangen mit reifen Pflaumen. Zufällig war die Besitzerin im Garten. Ich fragte sie, ob sie nicht die wunderschönen Pflaumen ernten möchte, worauf sie antwortete: „Ach, dafür bin ich jetzt zu alt!" „Aber Ihre Tochter nebenan, möchte sie nicht die Pflaumen ernten?", fragte ich. „Nein, es ist ihr zu viel Arbeit. Sie kauft lieber fertige Marmelade im Supermarkt!"

Wie viele Menschen auf dieser Erde schreien zum Himmel und flehen Gott an, dass er ihnen Regen und Sonnenschein im Wechsel schenkt, damit sie eine Ernte haben? Und wie viele Menschen auf dieser Erde nehmen Regen, Sonnenschein und einen voll behangenen Obstbaum für selbstverständlich, oder lassen das Obst lieblos vergammeln oder auf die Straße rollen, wo die vorbeifahrenden Autos es gleichgültig zu Mus zermalmen.

Stellen wir uns doch mal vor, wir hätten etwas entworfen und selbst gebaut, das außergewöhnlich gut ist. Vielleicht ein grandioses Puppenhaus. Stellen wir uns vor, wir hätten viel Zeit, Können, Kreativität und Liebe in dieses Puppenhaus investiert. Und dann – obwohl es uns gehört und wir weiterhin der Besitzer oder Besitzerin dieses Puppenhauses bleiben, vertrauen wir es einer Großfamilie an, die wir sehr schätzen und lieben. Und nun stellen wir uns vor, wir müssten mitansehen, wie diese Großfamilie undankbar, gleichgültig und lieblos mit unserem Puppenhaus umgeht, wie sie nachlässig und liederlich die wunderschönen selbstgebastelten Figuren und die ganze Inneneinrichtung bei Wind und Wetter im Garten liegen lässt oder als Brennstoff für den Feuerplatz benutzt. Ich würde heulen! Ich wäre so traurig! Mein Herz wäre gebrochen! Genauso geht es Gott, wenn er sieht, wie wir als seine Verwalter manchmal oder öfters mit seinem Besitz – mit seiner wunderschönen, atemberaubenden Welt umgehen.

Wir alle sind Geschöpfe Gottes, und als solche haben wir einen Auftrag von unserem Schöpfer bekommen. Und dieser Auftrag lautet: wir sollen die Erde bebauen und bewahren. Wir sind quasi zum Pflegedienst für unsere Mitmenschen, alle Kreaturen und die ganze Schöpfung berufen. Wir selbst sind die verantwortlichen Haushalter, aber dennoch bleibt die ganze Schöpfung Gottes Eigentum. Wir sollen uns als Verwalter sehen, die sich rührend um Gottes Welt kümmern. Wir sollen uns auch als Verwalter sehen, die eines Tages Rechenschaft gegenüber Gott ablegen müssen für ihr Tun und Lassen. In Hebräer 4,13 steht:

*„Nichts in der ganzen Schöpfung
ist vor Gott verborgen. Alles ist nackt und bloß
vor den Augen Gottes, dem wir
für alles Rechenschaft ablegen müssen!"*

Das heißt, auch für den Pflegedienst an unseren Mitmenschen, allen Kreaturen und der ganzen Schöpfung.

Mir hilft es, mich regelmäßig zu fragen: Was kann ich noch tun, um eines Tages – wenn ich in den Himmel komme – von Gott zu hören, wie es in Matthäus 25,21 steht:

*„Sehr gut, du bist
ein tüchtiger und treuer Diener. Du hast dich
in kleinen Dingen als zuverlässig erwiesen,
darum werde ich dir auch Größeres anvertrauen.
Komm zum Freudenfest deines Herrn!"*

Ich habe mich unter anderem entschieden, den Bio-Rinderzüchter in unserer Gemeinde zu unterstützen sowie den Naturschutzbund, der sich seit über 120 Jahren für die Rettung unserer Natur einsetzt. Es gibt viele Möglichkeiten, unsere Verantwortung, die Gott uns anvertraut hat, durch unsere Persönlichkeit einzubringen. Wo ein Wille ist, gibt es unglaublich viele Wege, und jeder Weg ist ein Zeugnis für unseren Schöpfer-Gott. So lebt sich's gut.

Schritt für Schritt zum frischen Wasser

Der Herr ist mein Hirte

Gott ist ein Hirte. So bezeichnet ihn die Bibel an vielen Stellen Aber auch Könige Israels werden mit Hirten verglichen. Wenn Hirten gut sind, dann leiten, schützen und versorgen sie ihre Schafe in guten und in schlechten Zeiten. Weil sie ihre Schafe kennen und lieben, sind diese ihnen nicht gleichgültig. Im Neuen Testament bezeichnet sich Jesus als den guten Hirten, der sogar bereit ist, sein Leben für seine Schafe hinzugeben. Was für eine Hoffnungsbotschaft: Gott hat es sich auf die Fahne geschrieben, seine Kinder gut zu versorgen. Er allein weiß, was jeder von uns täglich braucht und wie wir das bekommen können, was wir nötig haben.

Egal wie mutig oder selbstständig wir sein mögen, wir bleiben auf Gottes Aufsicht angewiesen. Tatsache ist, dass wir oftmals wie die Schafe sind: ängstlich, bedürftig, eigenwillig und hilflos. Erst wenn wir diese Bedürftigkeit zugeben, werden wir auf Gott hören, ihm folgen und dankbar tun, was er sagt. Denn nur, weil Gott die Macht hat, uns von all unseren Unsicherheiten und Spannungen, von unserer Not, Kraftlosigkeit und Unzufriedenheit zu befreien, können wir in seiner Nähe ruhig werden. In seiner Gegenwart finden wir das, was wir ganzheitlich brauchen: bedingungslose Liebe, Freundlichkeit, Mitgefühl, Vergebung, Trost, Halt und Zugehörigkeit. Im Gespräch mit ihm können wir auftanken, so wie die Schafe das auf einer grünen Weide und an einer frischen Quelle tun. Und wo wir unsere „Weiden und Quellen" immer wieder aufs Neue finden, das zeigt uns Gott. Manchmal macht er uns aufmerksam auf ein gutes Buch, manchmal spricht er zu uns durch eine Predigt oder eine Person, und manchmal geschieht es durch das Gespräch mit dem Hirten selbst.

Jeder von uns ist ein Leben lang eingeladen, unter Gottes Aufsicht zu leben. Gott hält mehr als genug für jeden von uns bereit. Sein Tisch ist immer gedeckt – auch im tiefsten Tal. Unser Teil ist, in seiner Nähe zu verweilen und seiner Verheißung zu vertrauen, dass „seine Schafe seine Stimme erkennen und verstehen" (Johannes 10)! In diesem Sinne können wir mit großem Gottvertrauen, viel Zuversicht und Gelassenheit jeden neuen Tag angehen.

Gott weiß nicht nur, was seine Kinder brauchen, sondern auch, was diejenigen brauchen, die ihn noch nicht kennen, oder die seit einiger Zeit nicht mehr in Gemeinschaft mit ihm leben. Ich musste immer wieder staunen, wie Gott die unterschiedlichsten Menschen über kuriose Wege zur Teilnahme an meinen missionarischen Veranstaltungen bewegt und ihre Herzen berührt hat. Ich durfte erleben, wie Menschen durch die „alltagstaugliche Verkündigung und die herzliche Gemeinschaft der Christen" – um es mit Worten eines Betroffenen zu beschreiben – Jesus zum ersten Mal oder wieder neu begegnet sind.

Ich erlebte, wie Menschen bei einer Selbsthilfegruppe für Suchtkranke, wo ich einen evangelistischen Vortrag hielt, zum ersten Mal von Gott und Gotteserfahrungen hörten und danach anfingen, in der Bibel zu lesen. Ich habe erlebt, wie sich der Lebensstil von Menschen positiv verändert hat, weil sie Jesus zum Hirten ihres Lebens gemacht haben. Ich habe erlebt, wie ein 11-jähriges Mädchen ihre Mutter zu einem Frauenabend brachte, damit sie eine neue Perspektive für ihr Leben bekommt – was auch passiert ist. Ich habe erlebt, wie Menschen, die keine Rückbezüge auf eine Christus-gläubige Erziehung oder auf christliches Gemeindeleben hatten, sich auf eine christliche Freizeit zum Thema „Anders leben" einließen und Jesus zum Hirten ihres Lebens machten. Ich habe erlebt, wie eine Frau in großer Not für sich dachte, es müsse doch Christen geben, die ihr weiterhelfen könnten und deswegen im Internet nach christlichen Veranstaltungen googelte. Ich durfte sie bei einer Freizeit zu Jesus führen.

Gott allein hat die Macht, uns Menschen von allem Negativen, von aller Verlorenheit zu retten. Deshalb lohnt es sich, Menschen immer wieder ein gutes Buch zu schenken, sie zu christlichen

Freizeiten, Reisen, Veranstaltungen, Evangelisationen oder Gottesdiensten einzuladen. Gott freut sich riesig über jede Plattform, die wir für ihn aufbauen, damit er sich Menschen persönlich vorstellen und sich ihnen vertraut machen kann. Er ist ein Hirte, der immer Ausschau hält nach neuen Schafen, die er zur grünen Weide und zum frischen Wasser führen kann. Und dazu will er jeden von uns auf seine Art und Weise und zu seiner Ehre gebrauchen. So lebt sich's gut.

Doris Schulte

Jahrgang 1956, geboren und aufgewachsen in Kanada, arbeitet beim Missions- und Bildungswerk Neues Leben e.V. als Evangelistin und Referentin für Frühstückstreffen, Seminare und Freizeiten.

Sie ist Buchautorin und in den Sendereihen „So lebt sich's gut", „Kawohl Augenblicke" und „Emmaus" bei Bibel TV zu sehen. Doris Schulte ist seit 1975 mit Wilfried Schulte verheiratet. Sie wohnen im Westerwald und haben zwei Söhne und fünf Enkel.

Kawohl Augenblicke

Wenn Sie noch mehr von der Autorin hören möchten, empfehlen wir Ihnen die Talk-Sendung „Kawohl Augenblicke" mit Hanno Gerwin und Doris Schulte auf Bibel TV. Das Programm und einzelne Folgen in der Mediathek finden Sie auf www.bibeltv.de.

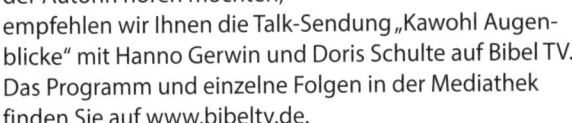

Andachts-Tagebuch

Doris Schulte
**So lebt sich's
wirklich gut**
*Mein Andachts-Tagebuch
für das ganze Jahr*

Ein einfaches Konzept, um
hilfreiche Bibelworte nachhaltig
im Leben zu verankern: Dieses
interaktive Andachtsbuch lädt
ein, sich jeweils eine ganze
Woche mit einem von 52
Themen zu beschäftigen.

Den Auftakt bildet jeweils eine Bibelstelle, eine Aus-
führung zum Thema und ein Alltagstipp. Darauf folgen
für 6 weitere Tage zum Wochenthema je eine Bibelstelle
und ein Kurzimpuls – und eine komplette Seite zum
Beschreiben. Denn das tägliche Tagebuchführen ist das
Herzstück der Veränderung.

Machen Sie sich auf zu einer spannenden Reise
durch ein Jahr voller Impulse, die zur Realität
in Ihrem Leben werden!

*448 Seiten, gebunden, 14 x 21 cm.
ISBN 978-3-86338-025-0*

Biblische Impuls-Kärtchen

Doris Schulte
**So lebt sich's
täglich gut**
62 Biblische Impulse

Doris Schulte hat aus
den ewig wahren Worten
hilfreiche Hinweise für ganz
verschiedene Lebensbereiche abgeleitet und lädt jeweils
zum Lesen einer Bibelpassage ein. Mit diesen Kärtchen
wird Ihnen die himmlische Wegweisung zur kostbaren
Gewohnheit.

*62 Karten, 8,5 x 5,5 cm in Kunststoff-Klappbox
Bestellnummer RKW 1572*

Tägliche Einladung zum Bibellesen

Doris Schulte
365 Augenblicke mit Gott
Impulse für jeden Tag

Doris Schulte geht auf Entde-
ckungsreise zu grundlegenden
Wahrheiten über Gott und seinen
Plan für uns. Dafür lädt sie 365
mal zum Bibellesen ein – mal zu
längeren Passagen, mal zu
mehreren kurzen Stellen, die zu
Mut machenden Einsichten führen.

In ihren hilfreichen kurzen Auslegungen zeigt sie, was
Gott von sich selbst preisgibt oder wozu er herausfordert.
Ein Jahres-Andachtsbuch, das Neugier weckt und beson-
ders gut für Einsteiger geeignet ist, aber auch erfahrenen
Christen einen klaren Blick auf Wesentliches schenkt und
hilft, auf der richtigen Spur zu bleiben.

384 Seiten, gebunden, 12 x 17 cm
ISBN 978-3-86338-031-1

Unsere Verlagsproduktion umfasst Bücher, Kalender,
Karten usw. Fragen Sie nach Kawohl-Produkten
oder fordern Sie Prospekte an.

www. kawohl .de